TRANZLATY

Language is for everyone

زبان برای همه است

The Call of the Wild

آوای وحش

Jack London

English / فارسی

Into the Primitive
به سوی بدویت

Buck did not read the newspapers.

باک روزنامه‌ها را نمی‌خواند.

Had he read the newspapers he would have known trouble was brewing.

اگر روزنامه‌ها را خوانده بود، حتماً متوجه می‌شد که دردسری در راه است.

There was trouble not alone for himself, but for every tidewater dog.

نه تنها برای خودش، بلکه برای هر سگ تایدواتر دردسر وجود داشت.

Every dog strong of muscle and with warm, long hair was going to be in trouble.

هر سگی با عضلات قوی و موهای بلند و گرم، به دردسر می‌افتاد.

From Puget Bay to San Diego no dog could escape what was coming.

از خلیج پوجت تا سن دیگو هیچ سگی نمی‌توانست از آنچه در پیش بود فرار کند.

Men, groping in the Arctic darkness, had found a yellow metal.

مردانی که در تاریکی قطب شمال کورمال کورمال دنبال چیزی می‌گشتند، فلزی زرد رنگ پیدا کرده بودند.

Steamship and transportation companies were chasing the discovery.

شرکت‌های کشتیرانی و حمل و نقل در حال پیگیری این کشف بودند.

Thousands of men were rushing into the Northland.

هزاران مرد به سمت سرزمین شمالی هجوم آوردند.

These men wanted dogs, and the dogs they wanted were heavy dogs.

این مردها سگ می‌خواستند، و سگ‌هایی که می‌خواستند، سگ‌های سنگین‌وزن بودند.

Dogs with strong muscles by which to toil.

سگ‌هایی با عضلات قوی که با آنها می‌توان کار کرد.

Dogs with furry coats to protect them from the frost.

سگ‌هایی با پوشش پشمالو که آنها را از سرما محافظت می‌کند.

Buck lived at a big house in the sun-kissed Santa Clara Valley.

باک در خانه‌ای بزرگ در درهی آفتابگیر سانتا کلارا زندگی می‌کرد.

Judge Miller's place, his house was called.

به خانه قاضی میلر، به خانه‌اش زنگ زدند.

His house stood back from the road, half hidden among the trees.

خانه‌اش از جاده فاصله داشت و تا حدودی در میان درختان پنهان بود.

One could get glimpses of the wide veranda running around the house.

می‌شد نگاهی اجمالی به ایوان وسیعی که دور تا دور خانه کشیده شده بود، انداخت.

The house was approached by graveled driveways.

خانه از طریق راه‌های شن‌ریزی شده به حیاط راه داشت.

The paths wound about through wide-spreading lawns.

مسیرها از میان چمنزارهای وسیع پیچ می‌خوردند.

Overhead were the interlacing boughs of tall poplars.

بالای سرشان شاخه‌های در هم تنیده‌ی درختان سپیدار بلند خودنمایی می‌کردند.

At the rear of the house things were on even more spacious.

در قسمت عقب خانه، وسایل حتی جادارتر بودند.

There were great stables, where a dozen grooms were chatting

اصطبل‌های بزرگی وجود داشت که در آنها دوازده داماد مشغول گپ زدن بودند.

There were rows of vine-clad servants' cottages

ردیف‌هایی از کلبه‌های خدمتکاران پوشیده از تاک وجود داشت

And there was an endless and orderly array of outhouses

و مجموعه‌ای بی‌پایان و منظم از خانه‌های کناری وجود داشت

Long grape arbors, green pastures, orchards, and berry patches.

تاکستان‌های بلند انگور، مراتع سبز، باغ‌ها و مزارع توت.

Then there was the pumping plant for the artesian well.

سپس ایستگاه پمپاژ برای چاه آرتزین وجود داشت.

And there was the big cement tank filled with water.

و مخزن بزرگ سیمانی پر از آب هم آنجا بود.
Here Judge Miller's boys took their morning plunge.
اینجا پسرهای قاضی میلر شیرجه‌ی صبحگاهی‌شان را زدند.
And they cooled down there in the hot afternoon too.
و آنها در بعدازظهر گرم هم آنجا خنک شدند.
And over this great domain, Buck was the one who ruled all of it.
و در این قلمرو وسیع، باک کسی بود که بر تمام آن حکومت می‌کرد.
Buck was born on this land and lived here all his four years.
باک در این سرزمین به دنیا آمد و تمام چهار سال عمرش را اینجا زندگی کرد.
There were indeed other dogs, but they did not truly matter.
در واقع سگ‌های دیگری هم بودند، اما واقعاً اهمیتی نداشتند.
Other dogs were expected in a place as vast as this one.
انتظار می‌رفت سگ‌های دیگری هم در مکانی به این وسعت وجود داشته باشند.
These dogs came and went, or lived inside the busy kennels.
این سگ‌ها می‌آمدند و می‌رفتند، یا در لانه‌های شلوغ زندگی می‌کردند.
Some dogs lived hidden in the house, like Toots and Ysabel did.
بعضی از سگ‌ها مثل توتس و ایزابل، مخفیانه در خانه زندگی می‌کردند.
Toots was a Japanese pug, Ysabel a Mexican hairless dog.
توتس یک پاگ ژاپنی بود، ایزابل یک سگ بی‌موی مکزیکی.
These strange creatures rarely stepped outside the house.
این موجودات عجیب و غریب به ندرت از خانه بیرون می‌رفتند.
They did not touch the ground, nor sniff the open air outside.
آنها نه زمین را لمس می‌کردند و نه هوای آزاد بیرون را استشمام می‌کردند.
There were also the fox terriers, at least twenty in number.
همچنین سگ‌های فاکس تریر، حداقل بیست تا، آنجا بودند.
These terriers barked fiercely at Toots and Ysabel indoors.
این تریرها در داخل خانه به شدت به توتس و ایزابل پارس می‌کردند.
Toots and Ysabel stayed behind windows, safe from harm.
توتس و ایزابل پشت پنجره‌ها ماندند تا از آسیب در امان باشند.
They were guarded by housemaids with brooms and mops.

آنها توسط خدمتکارانی با جارو و تی محافظت می‌شدند.

But Buck was no house-dog, and he was no kennel-dog
either.

اما باک نه سگ خانگی بود و نه سگ پرورشگاهی.

The entire property belonged to Buck as his rightful realm.

کل ملک به عنوان قلمرو قانونی باک به او تعلق داشت.

Buck swam in the tank or went hunting with the Judge's
sons.

باک در مخزن شنا می‌کرد یا با پسران قاضی به شکار می‌رفت.

He walked with Mollie and Alice in the early or late hours.

او در ساعات اولیه یا پایانی شب با مالی و آلیس قدم می‌زد.

On cold nights he lay before the library fire with the Judge.

در شب‌های سرد، او به همراه قاضی، کنار آتش کتابخانه دراز می‌کشید.

Buck gave rides to the Judge's grandsons on his strong back.

باک نوه‌های قاضی را سوار بر اسب قوی‌اش سوار می‌کرد.

He rolled in the grass with the boys, guarding them closely.

او با پسرها در چمن غلت می‌زد و از نزدیک از آنها محافظت می‌کرد.

They ventured to the fountain and even past the berry fields.

آنها به سمت فواره رفتند و حتی از کنار مزارع توت هم گذشتند.

Among the fox terriers, Buck walked with royal pride
always.

باک در میان سگ‌های فاکس تریر، همیشه با غرور سلطنتی راه می‌رفت.

He ignored Toots and Ysabel, treating them like they were
air.

او توتس و ایزابل را نادیده گرفت و با آنها مثل هوا رفتار کرد.

Buck ruled over all living creatures on Judge Miller's land.

باک بر تمام موجودات زنده در سرزمین قاضی میلر حکومت می‌کرد.

He ruled over animals, insects, birds, and even humans.

او بر حیوانات، حشرات، پرندگان و حتی انسان‌ها حکومت می‌کرد.

Buck's father Elmo had been a huge and loyal St. Bernard.

پدر باک، المو، یک سگ سنت برنارد تنومند و وفادار بود.

Elmo never left the Judge's side, and served him faithfully.

المو هرگز قاضی را ترک نکرد و با وفاداری به او خدمت کرد.

Buck seemed ready to follow his father's noble example.

به نظر می‌رسید باک آماده است تا از الگوی والای پدرش پیروی کند.

Buck was not quite as large, weighing one hundred and
forty pounds.

باک به آن اندازه بزرگ نبود و صد و چهل پوند وزن داشت.

His mother, Shep, had been a fine Scotch shepherd dog.

مادرش، شپ، یک سگ چوپان اسکاتلندی خوب بود.

But even at that weight, Buck walked with regal presence.

اما حتی با آن وزن، باک با حضوری باشکوه قدم می‌زد.

This came from good food and the respect he always received.

این از غذای خوب و احترامی که همیشه دریافت می‌کرد، ناشی می‌شد.

For four years, Buck had lived like a spoiled nobleman.

باک چهار سال مثل یک اشراف‌زاده‌ی لوس زندگی کرده بود.

He was proud of himself, and even slightly egotistical.

او به خودش افتخار می‌کرد، و حتی کمی خودخواه بود.

That kind of pride was common in remote country lords.

این نوع غرور در میان اربابان روستاهای دورافتاده رایج بود.

But Buck saved himself from becoming pampered house-dog.

اما باک خودش را از تبدیل شدن به یک سگ خانگی نازپرورده نجات داد.

He stayed lean and strong through hunting and exercise.

او از طریق شکار و ورزش لاغر و قوی ماند.

He loved water deeply, like people who bathe in cold lakes.

او عمیقاً عاشق آب بود، مثل آدم‌هایی که در دریاچه‌های سرد حمام می‌کنند.

This love for water kept Buck strong, and very healthy.

این عشق به آب، باک را قوی و بسیار سالم نگه داشت.

This was the dog Buck had become in the fall of 1897.

این همان سگی بود که باک در پاییز ۱۸۹۷ به آن تبدیل شده بود.

When the Klondike strike pulled men to the frozen North.

وقتی حمله کلوندایک، مردان را به شمال یخزده کشاند.

People rushed from all over the world into the cold land.

مردم از سراسر جهان به سرزمین سرد هجوم آوردند.

Buck, however, did not read the papers, nor understand news.

با این حال، باک نه روزنامه می‌خواند و نه اخبار را می‌فهمید.

He did not know Manuel was a bad man to be around.

او نمی‌دانست که مانوئل آدم بدی برای معاشرت است.

Manuel, who helped in the garden, had a deep problem.

مانوئل، که در باغ کمک می‌کرد، مشکل بزرگی داشت.

Manuel was addicted to gambling in the Chinese lottery.

مانوئل به قمار در لاتاری چین معتاد بود.

He also believed strongly in a fixed system for winning.

او همچنین به شدت به یک سیستم ثابت برای پیروزی اعتقاد داشت.

That belief made his failure certain and unavoidable.

آن باور، شکست او را قطعی و اجتناب‌ناپذیر کرد.

Playing a system demands money, which Manuel lacked.

بازی کردن با سیستم، پول می‌خواهد، چیزی که مانوئل نداشت.

His pay barely supported his wife and many children.

حقوق او به سختی کفاف همسر و فرزندان زیادش را می‌داد.

On the night Manuel betrayed Buck, things were normal.

شبی که مانوئل به باک خیانت کرد، اوضاع عادی بود.

The Judge was at a Raisin Growers' Association meeting.

قاضی در جلسه انجمن کشمش‌کاران بود.

The Judge's sons were busy forming an athletic club then.

پسران قاضی در آن زمان مشغول تشکیل یک باشگاه ورزشی بودند.

No one saw Manuel and Buck leaving through the orchard.

هیچ‌کس مانوئل و باک را در حال خروج از باغ ندید.

Buck thought this walk was just a simple nighttime stroll.

باک فکر می‌کرد این پیاده‌روی فقط یک پرسه‌زنی ساده‌ی شبانه است.

They met only one man at the flag station, in College Park.

آنها فقط یک مرد را در ایستگاه پرچم، در کالج پارک، ملاقات کردند.

That man spoke to Manuel, and they exchanged money.

آن مرد با مانوئل صحبت کرد و آنها پول رد و بدل کردند.

"Wrap up the goods before you deliver them," he suggested.

او پیشنهاد داد: «قبل از تحویل، کالاها را بسته‌بندی کن.»

The man's voice was rough and impatient as he spoke.

صدای مرد موقع صحبت کردن خشن و بی‌صبر بود.

Manuel carefully tied a thick rope around Buck's neck.

مانوئل با دقت طناب ضخیمی را دور گردن باک بست.

"Twist the rope, and you'll choke him plenty"

«طناب را بپیچان، و او را به شدت خفه خواهی کرد»

The stranger gave a grunt, showing he understood well.

غریبه ناله‌ای کرد که نشان می‌داد خوب متوجه شده است.

Buck accepted the rope with calm and quiet dignity that day.

باک آن روز با آرامش و متانتِ خاموش، طناب را پذیرفت.

It was an unusual act, but Buck trusted the men he knew.

این یک عمل غیرمعمول بود، اما باک به مردانی که می‌شناخت اعتماد داشت.

He believed their wisdom went far beyond his own thinking.

او معتقد بود که خرد آنها بسیار فراتر از تفکر خودش است.

But then the rope was handed to the hands of the stranger.

اما سپس طناب به دست غریبه داده شد.

Buck gave a low growl that warned with quiet menace.

باک غرشی آرام و تهدیدآمیز سر داد.

He was proud and commanding, and meant to show his displeasure.

او مغرور و آمرانه رفتار می‌کرد و قصد داشت نارضایتی خود را نشان دهد.

Buck believed his warning would be understood as an order.

باک معتقد بود که هشدارش به عنوان یک دستور تلقی خواهد شد.

To his shock, the rope tightened fast around his thick neck.

در کمال تعجب، طناب دور گردن کلفتش محکم‌تر شد.

His air was cut off and he began to fight in a sudden rage.

نفسش بند آمد و با خشمی ناگهانی شروع به دعوا کرد.

He sprang at the man, who quickly met Buck in mid-air.

او به سمت مرد پرید که به سرعت با باک در هوا روبرو شد.

The man grabbed Buck's throat and skillfully twisted him in the air.

مرد گلوی باک را گرفت و ماهرانه او را در هوا چرخاند.

Buck was thrown down hard, landing flat on his back.

باک به شدت به زمین پرتاب شد و به پشت فرود آمد.

The rope now choked him cruelly while he kicked wildly.

طناب حالا بی‌رحمانه او را خفه می‌کرد، در حالی که او وحشیانه لگد می‌زد.

His tongue fell out, his chest heaved, but gained no breath.

زبانش بیرون افتاد، سینه‌اش به شدت بالا و پایین می‌رفت، اما نفسش بند نمی‌آمد.

He had never been treated with such violence in his life.

در تمام عمرش با چنین خشونتی با او رفتار نشده بود.

He had also never been filled with such deep fury before.

او همچنین قبلاً هرگز چنین خشم عمیقی را تجربه نکرده بود.

But Buck's power faded, and his eyes turned glassy.

اما قدرت باک رو به زوال گذاشت و چشمانش بی‌فروغ شد.

He passed out just as a train was flagged down nearby.

درست زمانی که قطاری در همان نزدیکی توقف کرد، او از حال رفت.

Then the two men tossed him into the baggage car quickly.

سپس آن دو مرد او را به سرعت به داخل واگن بار انداختند.

The next thing Buck felt was pain in his swollen tongue.

چیز بعدی که باک احساس کرد، درد در زبان متورمش بود.

He was moving in a shaking cart, only dimly conscious.

او در حالی که فقط کمی هوشیار بود، در یک گاری لرزان حرکت می‌کرد.

The sharp scream of a train whistle told Buck his location.

صدای جیغ تیز سوت قطار، باک را از موقعیت مکانی‌اش مطلع کرد.

He had often ridden with the Judge and knew the feeling.

او اغلب با قاضی اسب سواری کرده بود و این حس را می‌شناخت.

It was the unique jolt of traveling in a baggage car again.

این شوک منحصر به فرد سفر دوباره با ماشین حمل بار بود.

Buck opened his eyes, and his gaze burned with rage.

باک چشمانش را باز کرد و نگاهش از خشم شعله‌ور شد.

This was the anger of a proud king taken from his throne.

این خشم پادشاهی مغرور بود که از تخت سلطنت پایین کشیده شده بود.

A man reached to grab him, but Buck struck first instead.

مردی دستش را دراز کرد تا او را بگیرد، اما باک به جای آن، اول ضربه زد.

He sank his teeth into the man's hand and held tightly.

دندان‌هایش را در دست مرد فرو کرد و محکم گرفت.

He did not let go until he blacked out a second time.

او رهایش نکرد تا اینکه برای بار دوم از هوش رفت.

"Yep, has fits," the man muttered to the baggageman.

مرد زیر لب به باربر گفت» :بله، تشنج کرده.«

The baggageman had heard the struggle and come near.

باربر صدای درگیری را شنیده بود و نزدیک شده بود.

"I'm taking him to 'Frisco for the boss," the man explained.

مرد توضیح داد» :دارم او را برای رئیس به فریسکو می‌برم.«

"There's a fine dog-doctor there who says he can cure them."

یه دکتر سگ خوب اونجا هست که میگه می‌تونه درمانشون کنه»«.

Later that night the man gave his own full account.

بعداً در همان شب، آن مرد شرح حال کامل خود را ارائه داد.

He spoke from a shed behind a saloon on the docks.

او از آلونکی پشت یک میخانه در اسکله صحبت می‌کرد.

"All I was given was fifty dollars," he complained to the saloon man.

او به متصدی بار شکایت کرد» :تنها چیزی که به من دادند پنجاه دلار بود.«

"I wouldn't do it again, not even for a thousand in cold cash."

دیگه این کارو نمی‌کنم، حتی اگه هزار دلار پول نقد هم داشته باشم»«.

His right hand was tightly wrapped in a bloody cloth.

دست راستش محکم در پارچه‌ای خونین پیچیده شده بود.

His trouser leg was torn wide open from knee to foot.

پاچه شلوارش از زانو تا نوک پا کاملاً پاره شده بود.

"How much did the other mug get paid?" asked the saloon man.

»متصدی بار پرسید» :به لیوان دیگر چقدر دستمزد داده شده؟

"A hundred," the man replied, "he wouldn't take a cent less."

مرد پاسخ داد» :صد، او یک سنت هم کمتر نمی‌گیرد.«

"That comes to a hundred and fifty," the saloon man said.

متصدی بار گفت» :این می‌شود صد و پنجاه تا.«

"And he's worth it all, or I'm no better than a blockhead."

و او ارزش همه این‌ها را دارد، وگرنه من از یک احمق هم بهتر » نیستم.«

The man opened the wrappings to examine his hand.

مرد بسته‌بندی را باز کرد تا دستش را بررسی کند.

The hand was badly torn and crusted in dried blood.

دستش به شدت پاره شده بود و خون خشک شده روی آن پوسته شده بود.

"If I don't get the hydrophobia..." he began to say.

اگر دچار آب‌گریزی نشوم»...شروع کرد به گفتن «.

"It'll be because you were born to hang," came a laugh.

خنده‌ای بلند شد» :به این خاطر است که تو برای دار زدن به دنیا آمده‌ای.«

"Come help me out before you get going," he was asked.

از او خواسته شد» :قبل از اینکه راه بیفتی، بیا به من کمک کن.«

Buck was in a daze from the pain in his tongue and throat.

باک از درد زبان و گلویش گیج شده بود.

He was half-strangled, and could barely stand upright.

او نیمه خفه شده بود و به سختی می‌توانست صاف بایستد.

Still, Buck tried to face the men who had hurt him so.

با این حال، باک سعی کرد با مردانی که او را اینقدر آزار داده بودند، روبرو شود.

But they threw him down and choked him once again.

اما آنها او را به زمین انداختند و دوباره خفه‌اش کردند.

Only then could they saw off his heavy brass collar.

تنها در آن صورت می‌توانستند قلاده برنجی سنگینش را اره کنند.

They removed the rope and shoved him into a crate.

طناب را برداشتند و او را داخل یک جعبه انداختند.

The crate was small and shaped like a rough iron cage.

جعبه کوچک و به شکل یک قفس آهنی ناهموار بود.

Buck lay there all night, filled with wrath and wounded pride.

باک تمام شب آنجا دراز کشید، پر از خشم و غرور جریحه‌دار شده.

He could not begin to understand what was happening to him.

او نمی‌توانست شروع به درک آنچه بر او می‌گذرد، کند.

Why were these strange men keeping him in this small crate?

چرا این مردان عجیب او را در این جعبه کوچک نگه می‌داشتند؟

What did they want with him, and why this cruel captivity?

آنها با او چه می‌خواستند، و چرا این اسارت ظالمانه را تحمل می‌کردند؟

He felt a dark pressure; a sense of disaster drawing closer.

او فشار تاریکی را احساس کرد؛ حسی از فاجعه که نزدیک‌تر می‌شد.

It was a vague fear, but it settled heavily on his spirit.

ترس مبهمی بود، اما به شدت بر روحش نشست.

Several times he jumped up when the shed door rattled.

چندین بار وقتی در انباری به صدا درآمد، از جا پرید.

He expected the Judge or the boys to appear and rescue him.

او انتظار داشت قاضی یا پسرها ظاهر شوند و او را نجات دهند.

But only the saloon-keeper's fat face peeked inside each time.

اما هر بار فقط صورت چاق متصدی بار به داخل نگاه می‌کرد.

The man's face was lit by the dim glow of a tallow candle.

صورت مرد با نور ضعیف شمع پیه سوز روشن شده بود.

Each time, Buck's joyful bark changed to a low, angry growl.

هر بار، پارس شادمانه‌ی باک به غرشی آرام و خشمگین تبدیل می‌شد.

The saloon-keeper left him alone for the night in the crate

متصدی بار او را برای شب در قفس تنها گذاشت

But when he awoke in the morning more men were coming.

اما وقتی صبح از خواب بیدار شد، مردان بیشتری داشتند می‌آمدند.

Four men came and gingerly picked up the crate without a word.

چهار مرد آمدند و با احتیاط و بدون هیچ حرفی جعبه را برداشتند.

Buck knew at once the situation he found himself in.

باک فوراً متوجه موقعیتی شد که در آن قرار گرفته بود.

They were further tormentors that he had to fight and fear.

آنها شکنجه‌گران بیشتری بودند که او مجبور بود با آنها بجنگد و از آنها بترسد.

These men looked wicked, ragged, and very badly groomed.

این مردان شرور، ژنده‌پوش و بسیار بدلباس به نظر می‌رسیدند.

Buck snarled and lunged at them fiercely through the bars.

باک غرید و با خشم از میان میله‌ها به سمت آنها حمله‌ور شد.

They just laughed and jabbed at him with long wooden sticks.

آنها فقط می‌خندیدند و با چوب‌های بلند به او ضربه می‌زدند.

Buck bit at the sticks, then realized that was what they liked.

باک چوب‌ها را گاز گرفت، بعد فهمید که این چیزی است که آنها دوست دارند.

So he lay down quietly, sullen and burning with quiet rage.

پس او آرام دراز کشید، عبوس و در حالی که از خشم خاموش می‌سوخت.

They lifted the crate into a wagon and drove away with him.

آنها جعبه را بلند کردند و داخل گاری گذاشتند و او را با خود بردند.

The crate, with Buck locked inside, changed hands often.

جعبه، که باک درون آن قفل شده بود، اغلب دست به دست می‌شد.

Express office clerks took charge and handled him briefly.

کارمندان دفتر اکسپرس مسئولیت را به عهده گرفتند و برای مدت کوتاهی به او رسیدگی کردند.

Then another wagon carried Buck across the noisy town.

سپس گاری دیگری باک را از میان شهر پر سر و صدا عبور داد.

A truck took him with boxes and parcels onto a ferry boat.

یک کامیون او را با جعبه‌ها و بسته‌ها به داخل یک قایق مسافربری برد.

After crossing, the truck unloaded him at a rail depot.

پس از عبور، کامیون او را در یک ایستگاه راه‌آهن پیاده کرد.

At last, Buck was placed inside a waiting express car.

بالاخره، باک را داخل یک واگن اکسپرس که منتظرش بود، گذاشتند.

For two days and nights, trains pulled the express car away.

دو شبانه‌روز، قطارها واگن سریع‌السیر را از آنجا دور می‌کردند.

Buck neither ate nor drank during the whole painful journey.

باک در تمام طول سفر دردناک نه چیزی خورد و نه چیزی نوشید.

When the express messengers tried to approach him, he growled.

وقتی پیک‌های سریع‌السیر سعی کردند به او نزدیک شوند، غرغر کرد.

They responded by mocking him and teasing him cruelly.

آنها با مسخره کردن و آزار و اذیت بی‌رحمانه او پاسخ دادند.

Buck threw himself at the bars, foaming and shaking

باک در حالی که کف کرده بود و می‌لرزید، خودش را به سمت میله‌ها انداخت.

they laughed loudly, and taunted him like schoolyard bullies.

آنها با صدای بلند می‌خندیدند و مثل قلدرهای مدرسه او را مسخره می‌کردند.

They barked like fake dogs and flapped their arms.

آنها مثل سگ‌های قلابی پارس می‌کردند و دست‌هایشان را تکان می‌دادند.

They even crowed like roosters just to upset him more.

آنها حتی مثل خروس بانگ می‌زدند تا او را بیشتر ناراحت کنند.

It was foolish behavior, and Buck knew it was ridiculous.

رفتار احمقانه‌ای بود و باک می‌دانست که مسخره است.

But that only deepened his sense of outrage and shame.

اما این فقط احساس خشم و شرم او را تشدید کرد.

He was not bothered much by hunger during the trip.

در طول سفر گرسنگی زیاد اذیتش نکرد.

But thirst brought sharp pain and unbearable suffering.

اما تشنگی درد شدید و رنج غیرقابل تحملی به همراه داشت.

His dry, inflamed throat and tongue burned with heat.

گلو و زبان خشک و ملتهبش از شدت گرما می‌سوخت.

This pain fed the fever rising within his proud body.

این درد، تبی را که در بدن مغرورش بالا می‌گرفت، تشدید می‌کرد.

Buck was thankful for one single thing during this trial.

باک در طول این محاکمه فقط برای یک چیز سپاسگزار بود.

The rope had been removed from around his thick neck.

طناب از دور گردن کلفتش باز شده بود.

The rope had given those men an unfair and cruel advantage.

طناب به آن مردان برتری ناعادلانه و ظالمانه‌ای داده بود.

Now the rope was gone, and Buck swore it would never return.

حالا طناب رفته بود و باک قسم خورد که دیگر هرگز برنمی‌گردد.

He resolved no rope would ever go around his neck again.

او تصمیم گرفت که دیگر هیچ طنابی دور گردنش نیفتد.

For two long days and nights, he suffered without food.

دو شبانه‌روز طولانی، او بدون غذا رنج کشید.

And in those hours, he built up an enormous rage inside.

و در آن ساعات، خشم عظیمی را در درونش انباشته کرد.

His eyes turned bloodshot and wild from constant anger.

چشمانش از خشم مداوم، خونین و وحشی شده بود.

He was no longer Buck, but a demon with snapping jaws.

او دیگر باک نبود، بلکه دیوی با آرواره‌های تیز بود.

Even the Judge would not have known this mad creature.

حتی قاضی هم این موجود دیوانه را نمی‌شناخت.

The express messengers sighed in relief when they reached Seattle

پیک‌های سریع‌السیر وقتی به سیاتل رسیدند، نفس راحتی کشیدند.

Four men lifted the crate and brought it to a back yard.

چهار مرد جعبه را بلند کردند و به حیاط خلوت بردند.

The yard was small, surrounded by high and solid walls.

حیاط کوچک بود و دیوارهای بلند و محکمی دور تا دور آن را احاطه کرده بود.
A big man stepped out in a sagging red sweater shirt.
مردی هیکلی با پیراهن ژاکت قرمز گشاد از ماشین بیرون آمد.
He signed the delivery book with a thick and bold hand.
او با دستی کلفت و جسورانه دفتر تحویل را امضا کرد.
Buck sensed at once that this man was his next tormentor.
باک فوراً احساس کرد که این مرد شکنجه‌گر بعدی اوست.
He lunged violently at the bars, eyes red with fury.
او با چشمانی قرمز از خشم، با خشونت به سمت میله‌ها حمله کرد.
The man just smiled darkly and went to fetch a hatchet.
مرد فقط لبخند تلخی زد و رفت تا یک تبر بیاورد.
He also brought a club in his thick and strong right hand.
او همچنین یک چماق در دست راست ضخیم و قوی خود آورد.
"You going to take him out now?" the driver asked, concerned.
«راننده با نگرانی پرسید» :الان می‌خوای ببریش بیرون؟
"Sure," said the man, jamming the hatchet into the crate as a lever.
مرد گفت» :البته.و تبر را به عنوان اهرم داخل جعبه فرو کرد «.
The four men scattered instantly, jumping up onto the yard wall.
چهار مرد فوراً پراکنده شدند و روی دیوار حیاط پریدند.
From their safe spots above, they waited to watch the spectacle.
از نقاط امن خود در بالا، منتظر تماشای این منظره بودند.
Buck lunged at the splintered wood, biting and shaking fiercely.
باک به سمت چوب خرد شده حمله کرد، گاز گرفت و به شدت لرزید.
Each time the hatchet hit the cage), Buck was there to attack it.
هر بار که تبر به قفس می‌خورد، باک آنجا بود تا به آن حمله کند.
He growled and snapped with wild rage, eager to be set free.
او با خشمی وحشیانه غرید و فریاد زد، مشتاق آزادی بود.
The man outside was calm and steady, intent on his task.
مردی که بیرون بود، آرام و متین، مصمم به کارش بود.

"Right then, you red-eyed devil," he said when the hole was large.

«وقتی سوراخ بزرگ شد، گفت» :پس، ای شیطان چشمقرمز

He dropped the hatchet and took the club in his right hand.

تبر را انداخت و چماق را در دست راستش گرفت.

Buck truly looked like a devil; eyes bloodshot and blazing.

باک واقعاً شبیه یک شیطان بود؛ چشمانی خون گرفته و شعلهور.

His coat bristled, foam frothed at his mouth, eyes glinting.

موهایش سیخ شده بود، کف از دهانش بیرون زده بود و چشمانش برق
میزد.

He bunched his muscles and sprang straight at the red sweater.

عضلاتش را منقبض کرد و مستقیم به سمت ژاکت قرمز پرید.

One hundred and forty pounds of fury flew at the calm man.

صد و چهل پوند خشم به سمت مرد آرام هجوم آورد.

Just before his jaws clamped shut, a terrible blow struck him.

درست قبل از اینکه فکش بسته شود، ضربه وحشتناکی به او وارد شد.

His teeth snapped together on nothing but air

دندانهایش فقط با هوا به هم میخوردند

a jolt of pain reverberated through his body

موجی از درد در بدنش پیچید

He flipped midair and crashed down on his back and side.

او در هوا غلتید و به پشت و پهلو به زمین خورد.

He had never before felt a club's blow and could not grasp it.

او قبلاً هرگز ضربهی چماق را حس نکرده بود و نمیتوانست آن را
درک کند.

With a shrieking snarl, part bark, part scream, he leaped again.

با غرشی گوشخراش، که نیمی پارس و نیمی جیغ بود، دوباره پرید.

Another brutal strike hit him and hurled him to the ground.

ضربه محکم دیگری به او وارد شد و او را به زمین انداخت.

This time Buck understood—it was the man's heavy club.

این بار باک فهمید—این ضربه از چماق سنگین مرد بود.

But rage blinded him, and he had no thought of retreat.

اما خشم کورش کرده بود و خیال عقبنشینی نداشت.

Twelve times he launched himself, and twelve times he fell.

دوازده بار خودش را به آب انداخت و دوازده بار هم افتاد.

The wooden club smashed him each time with ruthless, crushing force.

چماق چوبی هر بار با نیرویی بی‌رحمانه و خردکننده او را له می‌کرد.

After one fierce blow, he staggered to his feet, dazed and slow.

پس از یک ضربه‌ی سهمگین، او تلوتلوخوران، گیج و آهسته، از جایش بلند شد.

Blood ran from his mouth, his nose, and even his ears.

خون از دهان، بینی و حتی گوش‌هایش جاری بود.

His once-beautiful coat was smeared with bloody foam.

کتِ زمانی زیبایش، حالا با کفِ خونین آغشته شده بود.

Then the man stepped up and struck a wicked blow to the nose.

سپس مرد جلو آمد و ضربه‌ی محکمی به بینی‌اش زد.

The agony was sharper than anything Buck had ever felt.

درد و رنج از هر چیزی که باک تا به حال احساس کرده بود، شدیدتر بود.

With a roar more beast than dog, he leaped again to attack.

با غرشی که بیشتر شبیه غرش یک حیوان بود تا یک سگ، دوباره برای حمله پرید.

But the man caught his lower jaw and twisted it backward.

اما مرد فک پایینش را گرفت و آن را به عقب چرخاند.

Buck flipped head over heels, crashing down hard again.

باک سرش را از روی پاشنه‌هایش برگرداند و دوباره محکم به زمین خورد.

One final time, Buck charged at him, now barely able to stand.

برای آخرین بار، باک به سمت او حمله کرد، حالا به سختی می‌توانست بایستد.

The man struck with expert timing, delivering the final blow.

مرد با زمان‌بندی ماهرانه ضربه زد و ضربه آخر را وارد کرد.

Buck collapsed in a heap, unconscious and unmoving.

باک بی‌هوش و بی‌حرکت روی زمین افتاد.

"He's no slouch at dog-breaking, that's what I say," a man yelled.

مردی فریاد زد» :اون تو سگ‌شکنی بی‌عرضه نیست، این چیزیه که من می‌گم.«

"Druther can break the will of a hound any day of the week."

دروتر می‌تواند اراده‌ی یک سگ شکاری را در هر روزی از هفته بشکند.«

"And twice on a Sunday!" added the driver.

«راننده اضافه کرد» :و دو بار هم یکشنبه‌ها

He climbed into the wagon and cracked the reins to leave.

او سوار گاری شد و افسار را فشرد تا برود.

Buck slowly regained control of his consciousness

باک به آرامی کنترل هوشیاری خود را به دست آورد

but his body was still too weak and broken to move.

اما بدنش هنوز خیلی ضعیف و شکسته بود و نمی‌توانست حرکت کند.

He lay where he had fallen, watching the red-sweatered man.

همان جایی که افتاده بود دراز کشیده بود و مرد ژاکت قرمزپوش را تماشا می‌کرد.

"He answers to the name of Buck," the man said, reading aloud.

مرد در حالی که با صدای بلند می‌خواند گفت» :او به نام باک پاسخ می‌دهد.«

He quoted from the note sent with Buck's crate and details.

او از یادداشتی که همراه جعبه باک و جزئیات آن ارسال شده بود، نقل قول کرد.

"Well, Buck, my boy," the man continued with a friendly tone,

«،مرد با لحنی دوستانه ادامه داد» :خب، باک، پسرم

"we've had our little fight, and now it's over between us."

ما دعوای کوچک خودمان را کردیم، و حالا دیگر بین ما تمام شده » است.«

"You've learned your place, and I've learned mine," he added.

او اضافه کرد» :تو جایگاه خودت را یاد گرفته‌ای، و من هم جایگاه خودم را.«

"Be good, and all will go well, and life will be pleasant."

خوب باش، همه چیز خوب پیش خواهد رفت و زندگی دلپذیر خواهد بود.»

"But be bad, and I'll beat the stuffing out of you, understand?"

«اما بد باش، و من لهت می‌کنم، فهمیدی؟»

As he spoke, he reached out and patted Buck's sore head.

همین‌طور که حرف می‌زد، دستش را دراز کرد و سر دردناک باک را نوازش کرد.

Buck's hair rose at the man's touch, but he didn't resist.

با لمس مرد، موهای باک سیخ شد، اما مقاومتی نکرد.

The man brought him water, which Buck drank in great gulps.

مرد برایش آب آورد که باک آن را جرعه جرعه نوشید.

Then came raw meat, which Buck devoured chunk by chunk.

بعد گوشت خام از راه رسید، که باک تکه تکه آن را بلعید.

He knew he was beaten, but he also knew he wasn't broken.

او می‌دانست که شکست خورده است، اما این را هم می‌دانست که نشکسته است.

He had no chance against a man armed with a club.

او در برابر مردی که مسلح به چماق بود، هیچ شانسی نداشت.

He had learned the truth, and he never forgot that lesson.

او حقیقت را آموخته بود و هرگز آن درس را فراموش نکرد.

That weapon was the beginning of law in Buck's new world.

آن سلاح، آغاز قانون در دنیای جدید باک بود.

It was the start of a harsh, primitive order he could not deny.

این آغاز یک نظم خشن و بدوی بود که او نمی‌توانست آن را انکار کند.

He accepted the truth; his wild instincts were now awake.

او حقیقت را پذیرفت؛ غرایز وحشی‌اش حالا بیدار شده بودند.

The world had grown harsher, but Buck faced it bravely.

دنیا خشن‌تر شده بود، اما باک شجاعانه با آن روبرو شد.

He met life with new caution, cunning, and quiet strength.

او با احتیاط، حیله‌گری و قدرتی آرام، زندگی را از نو پذیرفت.

More dogs arrived, tied in ropes or crates like Buck had been.

سگ‌های بیشتری رسیدند، مثل باک که با طناب یا جعبه بسته شده بودند.

Some dogs came calmly, others raged and fought like wild beasts.

بعضی از سگ‌ها آرام می‌آمدند، بعضی دیگر خشمگین بودند و مثل حیوانات وحشی می‌جنگیدند.

All of them were brought under the rule of the red-sweatered man.

همه آنها تحت حکومت مرد ژاکت قرمز قرار گرفتند.

Each time, Buck watched and saw the same lesson unfold.

هر بار، باک تماشا می‌کرد و می‌دید که همان درس عبرت از او گرفته می‌شود.

The man with the club was law; a master to be obeyed.

مردی که چماق به دست داشت، قانون بود؛ اربابی که باید از او اطاعت می‌شد.

He did not need to be liked, but he had to be obeyed.

او نیازی به دوست داشته شدن نداشت، اما باید از او اطاعت می‌شد.

Buck never fawned or wagged like the weaker dogs did.

باک هیچ‌وقت مثل سگ‌های ضعیف‌تر تملق نمی‌گفت یا دست تکان نمی‌داد.

He saw dogs that were beaten and still licked the man's hand.

او سگ‌هایی را دید که کتک خورده بودند و همچنان دست مرد را لیس می‌زدند.

He saw one dog who would not obey or submit at all.

او سگی را دید که به هیچ وجه اطاعت نمی‌کرد و تسلیم نمی‌شد.

That dog fought until he was killed in the battle for control.

آن سگ آنقدر جنگید تا در نبرد برای کنترل کشته شد.

Strangers would sometimes come to see the red-sweatered man.

گاهی غریبه‌ها به دیدن مرد ژاکت قرمز می‌آمدند.

They spoke in strange tones, pleading, bargaining, and laughing.

آنها با لحن‌های عجیبی صحبت می‌کردند، التماس می‌کردند، چانه می‌زدند و می‌خندیدند.

When money was exchanged, they left with one or more dogs.

وقتی پول رد و بدل می‌شد، آنها با یک یا چند سگ آنجا را ترک می‌کردند.

Buck wondered where these dogs went, for none ever returned.

باک از خود پرسید که این سگ‌ها کجا رفتند، چون هیچکدامشان دیگر برنگشتند.

fear of the unknown filled Buck every time a strange man came

هر بار که مرد غریبه‌ای می‌آمد، ترس از ناشناخته‌ها باک را فرا می‌گرفت.

he was glad each time another dog was taken, rather than himself.

او هر بار که سگ دیگری به جای خودش گرفته می‌شد، خوشحال می‌شد.

But finally, Buck's turn came with the arrival of a strange man.

اما سرانجام، نوبت باک با ورود مردی عجیب فرا رسید.

He was small, wiry, and spoke in broken English and curses.

او ریزنقش و لاغر اندام بود و به انگلیسی دست و پا شکسته صحبت می‌کرد و فحش می‌داد.

"Sacredam!" he yelled when he laid eyes on Buck's frame.

«وقتی چشمش به هیکل باک افتاد، فریاد زد: مقدس

"That's one damn bully dog! Eh? How much?" he asked aloud.

«با صدای بلند پرسید»: این یه سگ قلدر لعنتیه ها؟ چقدر؟

"Three hundred, and he's a present at that price,"

سیصد، و او با این قیمت یک هدیه است».«

"Since it's government money, you shouldn't complain, Perrault."

چون پول دولته، نباید شکایت کنی، پرو».«

Perrault grinned at the deal he had just made with the man.

پرو به معامله‌ای که تازه با آن مرد کرده بود، پوزخندی زد.

The price of dogs had soared due to the sudden demand.

قیمت سگ‌ها به دلیل تقاضای ناگهانی، سر به فلک کشیده بود.

Three hundred dollars wasn't unfair for such a fine beast.

سیصد دلار برای چنین جانور زیبایی ناعادلانه نبود.

The Canadian Government would not lose anything in the deal

دولت کانادا در این معامله چیزی از دست نخواهد داد

Nor would their official dispatches be delayed in transit.

همچنین ارسال‌های رسمی آنها در حین حمل و نقل به تأخیر نمی‌افتاد.

Perrault knew dogs well, and could see Buck was something rare.

پرو سگ‌ها را خوب می‌شناخت و متوجه شد که باک موجود نادری است.

"One in ten ten-thousand," he thought, as he studied Buck's build.

او در حالی که هیکل باک را بررسی می‌کرد، با خود فکر کرد: «یک در ده، ده هزار.»

Buck saw the money change hands, but showed no surprise.

باک دید که پول دست به دست شد، اما تعجب نکرد.

Soon he and Curly, a gentle Newfoundland, were led away.

خیلی زود او و کرلی، یک نیوفاندلندی مهربان، با خود بردند.

They followed the little man from the red sweater's yard.

آنها مرد کوچک را از حیاط ژاکت قرمز دنبال کردند.

That was the last Buck ever saw of the man with the wooden club.

آن آخرین باری بود که باک مرد چماق به دست را دید.

From the Narwhal's deck he watched Seattle fade into the distance.

از عرشه کشتی ناروال، سیاتل را تماشا می‌کرد که در دوردست‌ها محو می‌شد.

It was also the last time he ever saw the warm Southland.

همچنین آخرین باری بود که او سرزمین گرم جنوب را دید.

Perrault took them below deck, and left them with François.

پرو آنها را به زیر عرشه برد و پیش فرانسوا گذاشت.

François was a black-faced giant with rough, calloused hands.

فرانسوا غولی سیاه چهره با دستانی خشن و پینه بسته بود.

He was dark and swarthy; a half-breed French-Canadian.

او سبزه و سبزه بود؛ یک دورگه فرانسوی-کانادایی.

To Buck, these men were of a kind he had never seen before.

از نظر باک، این مردان از نوعی بودند که او قبلاً هرگز ندیده بود.

He would come to know many such men in the days ahead.

او در روزهای آینده با بسیاری از این مردان آشنا خواهد شد.

He did not grow fond of them, but he came to respect them.

او به آنها علاقه‌ای پیدا نکرد، اما کم‌کم به آنها احترام گذاشت.
They were fair and wise, and not easily fooled by any dog.
آنها عادل و خردمند بودند و به راحتی فریب هیچ سگی را نمی‌خوردند.
They judged dogs calmly, and punished only when deserved.
آنها سگ‌ها را با آرامش قضاوت می‌کردند و فقط زمانی که سزاوار بودند، آنها را تنبیه می‌کردند.
In the Narwhal's lower deck, Buck and Curly met two dogs.
در عرشه پایینی کشتی ناروال، باک و کرلی با دو سگ آشنا شدند.
One was a large white dog from far-off, icy Spitzbergen.
یکی از آنها سگ سفید بزرگی از اسپیتزبرگنِ یخیِ دوردست بود.
He'd once sailed with a whaler and joined a survey group.
او زمانی با یک صیاد نهنگ سفر دریایی کرده و به یک گروه نقشه‌برداری پیوسته بود.
He was friendly in a sly, underhanded and crafty fashion.
او به شیوه‌ای زیرکانه، پنهانی و حیله‌گرانه دوستانه رفتار می‌کرد.
At their first meal, he stole a piece of meat from Buck's pan.
در اولین وعده غذایی‌شان، او تکه‌ای گوشت از تابه باک دزدید.
Buck jumped to punish him, but François's whip struck first.
باک از جا پرید تا او را تنبیه کند، اما شلاق فرانسوا اول از همه به او ضربه زد.
The white thief yelped, and Buck reclaimed the stolen bone.
دزد سفید پوست فریاد زد و باک استخوان دزدیده شده را پس گرفت.
That fairness impressed Buck, and François earned his respect.
این انصاف باک را تحت تأثیر قرار داد و فرانسوا احترام او را جلب کرد.
The other dog gave no greeting, and wanted none in return.
سگ دیگر هیچ سلامی نکرد و در عوض هم سلامی نخواست.
He didn't steal food, nor sniff at the new arrivals with interest.
او نه غذا می‌دزدید و نه با علاقه تازه‌واردها را بو می‌کشید.
This dog was grim and quiet, gloomy and slow-moving.
این سگ، عبوس و ساکت، غمگین و کند حرکت بود.
He warned Curly to stay away by simply glaring at her.
او با نگاه خیره به کرلی، به او هشدار داد که از او دور بماند.

His message was clear; leave me alone or there'll be trouble.
پیام او واضح بود؛ مرا تنها بگذارید وگرنه دردسر درست می‌شود.
He was called Dave, and he barely noticed his surroundings.
او را دیو صدا می‌زدند و به سختی متوجه اطرافش می‌شد.
He slept often, ate quietly, and yawned now and again.
او اغلب می‌خوابید، آرام غذا می‌خورد و هر از گاهی خمیازه می‌کشید.

The ship hummed constantly with the beating propeller below.
کشتی با صدای ملخِ در حال حرکتِ زیرینش، مدام زمزمه می‌کرد.
Days passed with little change, but the weather got colder.
روزها با کمی تغییر می‌گذشتند، اما هوا سردتر می‌شد.
Buck could feel it in his bones, and noticed the others did too.
باک می‌توانست این را با تمام وجودش حس کند و متوجه شد که دیگران هم همین حس را دارند.
Then one morning, the propeller stopped and all was still.
سپس یک روز صبح، پروانه از کار افتاد و همه چیز آرام گرفت.
An energy swept through the ship; something had changed.
انرژی‌ای سراسر کشتی را فرا گرفت؛ چیزی تغییر کرده بود.
François came down, clipped them on leashes, and brought them up.
فرانسوا پایین آمد، قلاده‌هایشان را بست و بالا آورد.
Buck stepped out and found the ground soft, white, and cold.
باک بیرون آمد و زمین را نرم، سفید و سرد یافت.
He jumped back in alarm and snorted in total confusion.
او با وحشت به عقب پرید و با گیجی کامل پوزخندی زد.
Strange white stuff was falling from the gray sky.
چیزهای سفید عجیبی از آسمان خاکستری در حال سقوط بودند.
He shook himself, but the white flakes kept landing on him.
خودش را تکان داد، اما دانه‌های سفید همچنان رویش فرود می‌آمدند.
He sniffed the white stuff carefully and licked at a few icy bits.
او ماده سفید را با دقت بو کشید و چند تکه یخی را لیس زد.
The powder burned like fire, then vanished right off his tongue.

باروت مثل آتش سوخت، سپس از روی زبانش ناپدید شد۔

Buck tried again, puzzled by the odd vanishing coldness.

باک دوباره امتحان کرد، از سردی عجیب و غریبِ رو به زوال گیج شده بود۔

The men around him laughed, and Buck felt embarrassed.

مردان اطرافش خندیدند و باک خجالت کشید۔

He didn't know why, but he was ashamed of his reaction.

نمی دانست چرا، اما از واکنش خودش شرمنده بود۔

It was his first experience with snow, and it confused him.

این اولین تجربه او با برف بود و همین موضوع او را گیج کرد۔

The Law of Club and Fang
قانون چماق و نیش

Buck's first day on the Dyea beach felt like a terrible nightmare.

اولین روز باک در ساحل دیئا مثل یک کابوس وحشتناک بود.

Each hour brought new shocks and unexpected changes for Buck.

هر ساعت شوک‌های جدید و تغییرات غیرمنتظره‌ای برای باک به همراه داشت.

He had been pulled from civilization and thrown into wild chaos.

او از تمدن بیرون کشیده شده و به هرج و مرج و حشیانه‌ای پرتاب شده بود.

This was no sunny, lazy life with boredom and rest.

این زندگی، زندگی شاد و آرامی نبود که در آن کسالت و استراحت موج بزند.

There was no peace, no rest, and no moment without danger.

هیچ آرامشی، هیچ استراحتی و هیچ لحظه‌ای بدون خطر نبود.

Confusion ruled everything, and danger was always close.

آشفتگی بر همه چیز حاکم بود و خطر همیشه نزدیک بود.

Buck had to stay alert because these men and dogs were different.

باک مجبور بود هوشیار بماند، چون این مردها و سگ‌ها با هم فرق داشتند.

They were not from towns; they were wild and without mercy.

آنها اهل شهر نبودند؛ وحشی و بی‌رحم بودند.

These men and dogs only knew the law of club and fang.

این مردان و سگ‌ها فقط قانون چماق و دندان نیش را می‌دانستند.

Buck had never seen dogs fight like these savage huskies.

باک هرگز ندیده بود که سگ‌ها مثل این هاسکی‌های وحشی با هم دعوا کنند.

His first experience taught him a lesson he would never forget.

اولین تجربه‌اش درسی به او داد که هرگز فراموش نخواهد کرد.

He was lucky it was not him, or he would have died too.
شانس آورد که خودش نبود، وگرنه او هم می‌مرد.
Curly was the one who suffered while Buck watched and learned.
کرلی کسی بود که رنج می‌کشید در حالی که باک تماشا می‌کرد و درس می‌گرفت.
They had made camp near a store built from logs.
آنها نزدیک انباری که از کنده‌های درخت ساخته شده بود، اردو زده بودند.
Curly tried to be friendly to a large, wolf-like husky.
کرلی سعی کرد با یک سگ هاسکی بزرگ و گرگ مانند دوستانه رفتار کند.
The husky was smaller than Curly, but looked wild and mean.
هاسکی از کرلی کوچکتر بود، اما وحشی و بدجنس به نظر می‌رسید.
Without warning, he jumped and slashed her face open.
بدون هیچ هشداری، پرید و صورتش را شکافت.
His teeth cut from her eye down to her jaw in one move.
دندان‌هایش با یک حرکت از چشم او تا فکش را برید.
This was how wolves fought—hit fast and jump away.
گرگ‌ها این‌طور می‌جنگیدند—سریع حمله می‌کردند و می‌پریدند.
But there was more to learn than from that one attack.
اما چیزهای بیشتری برای یادگیری از آن حمله وجود داشت.
Dozens of huskies rushed in and made a silent circle.
ده‌ها سگ هاسکی به سرعت وارد شدند و در سکوت دایره‌ای تشکیل دادند.
They watched closely and licked their lips with hunger.
آنها با دقت تماشا می‌کردند و لب‌هایشان را از روی ولع می‌لیسیدند.
Buck didn't understand their silence or their eager eyes.
باک نه سکوت آنها را درک می‌کرد و نه نگاه مشتاقشان را.
Curly rushed to attack the husky a second time.
کرلی برای بار دوم به هاسکی حمله کرد.
He used his chest to knock her over with a strong move.
او با یک حرکت قوی از سینه‌اش استفاده کرد تا او را سرنگون کند.
She fell on her side and could not get back up.
او به پهلو افتاد و دیگر نتوانست بلند شود.

That was what the others had been waiting for all along.

این همان چیزی بود که بقیه مدت‌ها منتظرش بودند.

The huskies jumped on her, yelping and snarling in a frenzy.

سگ‌های هاسکی در حالی که دیوانه‌وار جیغ می‌زدند و خرناس می‌کشیدند، به سمتش پریدند.

She screamed as they buried her under a pile of dogs.

او جیغ می‌کشید وقتی که او را زیر انبوهی از سگ‌ها دفن می‌کردند.

The attack was so fast that Buck froze in place with shock.

حمله آنقدر سریع بود که باک از شدت شوک در جایش خشکش زد.

He saw Spitz stick out his tongue in a way that looked like a laugh.

او دید که اسپیتز زبانش را به شکلی که شبیه خنده بود، بیرون آورد.

François grabbed an axe and ran straight into the group of dogs.

فرانسوا تبری برداشت و مستقیماً به سمت گروه سگ‌ها دوید.

Three other men used clubs to help beat the huskies away.

سه مرد دیگر با چماق به هاسکی‌ها کمک کردند تا آن‌ها را دور کنند.

In just two minutes, the fight was over and the dogs were gone.

تنها در عرض دو دقیقه، دعوا تمام شد و سگ‌ها رفتند.

Curly lay dead in the red, trampled snow, her body torn apart.

کرلی در برف قرمز و لگدمال شده، مرده افتاده بود و بدنش تکه تکه شده بود.

A dark-skinned man stood over her, cursing the brutal scene.

مردی تیره‌پوست بالای سر او ایستاده بود و به آن صحنه‌ی وحشیانه فحش می‌داد.

The memory stayed with Buck and haunted his dreams at night.

این خاطره با باک ماند و شب‌ها خواب‌هایش را تسخیر می‌کرد.

That was the way here; no fairness, no second chance.

اینجا اوضاع همین بود؛ نه انصافی، نه شانس دوباره‌ای.

Once a dog fell, the others would kill without mercy.

به محض اینکه سگی از پا درمی‌آمد، بقیه بی‌رحمانه او را می‌کشتند.

Buck decided then that he would never allow himself to fall.

باک آن موقع تصمیم گرفت که هرگز اجازه ندهد زمین بخورد.

Spitz stuck out his tongue again and laughed at the blood.

اسپیتز دوباره زبانش را بیرون آورد و به خون خندید.

From that moment on, Buck hated Spitz with all his heart.

از آن لحظه به بعد، باک با تمام وجود از اسپیتز متنفر شد.

Before Buck could recover from Curly's death, something new happened.

قبل از اینکه باک بتواند از مرگ کرلی بهبود یابد، اتفاق جدیدی افتاد.

François came over and strapped something around Buck's body.

فرانسوا آمد و چیزی را دور بدن باک بست.

It was a harness like the ones used on horses at the ranch.

این یک افسار بود، مثل افسارهایی که در مزرعه برای اسب‌ها استفاده می‌شد.

As Buck had seen horses work, now he was made to work too.

همانطور که باک دیده بود اسب‌ها کار می‌کنند، حالا خودش هم مجبور به کار کردن بود.

He had to pull François on a sled into the forest nearby.

او مجبور شد فرانسوا را با سورتمه به جنگل نزدیک بکشد.

Then he had to pull back a load of heavy firewood.

سپس مجبور شد بار سنگینی از هیزم را عقب بکشد.

Buck was proud, so it hurt him to be treated like a work animal.

باک مغرور بود، بنابراین از اینکه با او مثل یک حیوان کار رفتار می‌شد، ناراحت می‌شد.

But he was wise and didn't try to fight the new situation.

اما او عاقل بود و سعی نکرد با شرایط جدید بجنگد.

He accepted his new life and gave his best in every task.

او زندگی جدیدش را پذیرفت و در هر وظیفه‌ای نهایت تلاشش را کرد.

Everything about the work was strange and unfamiliar to him.

همه چیز در مورد کار برایش عجیب و ناآشنا بود.

François was strict and demanded obedience without delay.

فرانسوا سختگیر بود و اطاعت بی‌درنگ را مطالبه می‌کرد.

His whip made sure that every command was followed at once.

شلاق او تضمین می‌کرد که هر دستوری فوراً اجرا شود.

Dave was the wheeler, the dog nearest the sled behind Buck.

دیو چرخزن بود، سگی که پشت سر باک به سورتمه نزدیکتر بود.

Dave bit Buck on the back legs if he made a mistake.

اگر باک اشتباه می‌کرد، دیو پاهای عقبش را گاز می‌گرفت.

Spitz was the lead dog, skilled and experienced in the role.

اسپیتز سگ راهنما بود، در این نقش ماهر و باتجربه.

Spitz could not reach Buck easily, but still corrected him.

اسپیتز نتوانست به راحتی به باک برسد، اما با این حال او را اصلاح کرد.

He growled harshly or pulled the sled in ways that taught Buck.

او با خشونت غرغر می‌کرد یا سورتمه را به روش‌هایی می‌کشید که به باک یاد می‌داد.

Under this training, Buck learned faster than any of them expected.

تحت این آموزش، باک سریع‌تر از آنچه که هر یک از آنها انتظار داشتند، یاد گرفت.

He worked hard and learned from both François and the other dogs.

او سخت کار کرد و از فرانسوا و سگ‌های دیگر چیزهای زیادی یاد گرفت.

By the time they returned, Buck already knew the key commands.

وقتی برگشتند، باک از قبل دستورات کلیدی را می‌دانست.

He learned to stop at the sound of "ho" from François.

او یاد گرفت که با شنیدن صدای »هو« از فرانسوا بایستد.

He learned when he had to pull the sled and run.

او یاد گرفت وقتی که باید سورتمه را بکشد و بدود.

He learned to turn wide at bends in the trail without trouble.

او یاد گرفت که در پیچ‌های مسیر، بدون مشکل، به سرعت دور بزند.

He also learned to avoid Dave when the sled went downhill fast.

او همچنین یاد گرفت که وقتی سورتمه با سرعت به سمت پایین سرازیری می‌رفت، از دیو دوری کند.

"They're very good dogs," François proudly told Perrault.

فرانسوا با افتخار به پرو گفت» :آنها سگ‌های خیلی خوبی هستند.«

"That Buck pulls like hell—I teach him quick as anything."

اون باک خیلی قویه—من خیلی سریع بهش یاد میدم»-.«

Later that day, Perrault came back with two more husky dogs.

بعداً در همان روز، پرو با دو سگ هاسکی دیگر برگشت.

Their names were Billee and Joe, and they were brothers.

اسم آنها بیلی و جو بود و برادر بودند.

They came from the same mother, but were not alike at all.

آنها از یک مادر بودند، اما اصلاً شبیه هم نبودند.

Billee was sweet-natured and too friendly with everyone.

بیلی خوش‌خلق و با همه خیلی صمیمی بود.

Joe was the opposite—quiet, angry, and always snarling.

جو بر عکس بود ـ ساکت، عصبانی و همیشه غرغرو.

Buck greeted them in a friendly way and was calm with both.

باک با رویی دوستانه از آنها استقبال کرد و با هر دو آرام بود.

Dave paid no attention to them and stayed silent as usual.

دیو به آنها توجهی نکرد و طبق معمول ساکت ماند.

Spitz attacked first Billee, then Joe, to show his dominance.

اسپیتز ابتدا به بیلی و سپس به جو حمله کرد تا تسلط خود را نشان دهد.

Billee wagged his tail and tried to be friendly to Spitz.

بیلی دمش را تکان داد و سعی کرد با اسپیتز دوستانه رفتار کند.

When that didn't work, he tried to run away instead.

وقتی این کار جواب نداد، سعی کرد فرار کند.

He cried sadly when Spitz bit him hard on the side.

وقتی اسپیتز پهلویش را محکم گاز گرفت، با ناراحتی گریه کرد.

But Joe was very different and refused to be bullied.

اما جو خیلی متفاوت بود و حاضر نشد مورد آزار و اذیت قرار بگیرد.

Every time Spitz came near, Joe spun to face him fast.

هر بار که اسپیتز نزدیک می‌شد، جو سریع می‌چرخید تا رو به او بایستد.

His fur bristled, his lips curled, and his teeth snapped wildly.

موهایش سیخ شد، لب‌هایش جمع شد و دندان‌هایش وحشیانه به هم خورد.

Joe's eyes gleamed with fear and rage, daring Spitz to strike.

چشمان جو از ترس و خشم برق زد و اسپیتز را به حمله کردن واداشت.

Spitz gave up the fight and turned away, humiliated and angry.

اسپیتز از مبارزه دست کشید و تحقیر شده و عصبانی، رویش را برگرداند.

He took out his frustration on poor Billee and chased him away.

او عصبانیتش را سر بیلی بیچاره خالی کرد و او را از خود راند.

That evening, Perrault added one more dog to the team.

آن شب، پرو یک سگ دیگر به تیم اضافه کرد.

This dog was old, lean, and covered in battle scars.

این سگ پیر، لاغر و پوشیده از زخمهای نبرد بود.

One of his eyes was missing, but the other flashed with power.

یکی از چشمانش کور بود، اما چشم دیگرش برق میزد.

The new dog's name was Solleks, which meant the Angry One.

اسم سگ جدید سولکس بود، به معنی خشمگین.

Like Dave, Solleks asked nothing from others, and gave nothing back.

سولکس، مانند دیو، چیزی از دیگران نخواست و چیزی هم نداد.

When Solleks walked slowly into camp, even Spitz stayed away.

وقتی سولکس به آرامی وارد اردوگاه شد، حتی اسپیتز هم از آنها دوری کرد.

He had a strange habit that Buck was unlucky to discover.

او عادت عجیبی داشت که باک بدشانس بود که آن را کشف کرد.

Solleks hated being approached on the side where he was blind.

سولکس از اینکه کسی از سمتی که نابینا بود به او نزدیک شود، متنفر بود.

Buck did not know this and made that mistake by accident.

باک این را نمیدانست و تصادفاً آن اشتباه را مرتکب شد.

Solleks spun around and slashed Buck's shoulder deep and fast.

سولکس چرخید و ضربهای عمیق و سریع به شانهی باک زد.

From that moment on, Buck never came near Solleks' blind side.

از آن لحظه به بعد، باک دیگر هرگز به نقطه کور سولکس نزدیک هم نشد.

They never had trouble again for the rest of their time together.

آنها دیگر در تمام مدتی که با هم بودند، هرگز مشکلی نداشتند.

Solleks wanted only to be left alone, like quiet Dave.

سولکس فقط می‌خواست تنها باشد، مثل دیوِ آرام.

But Buck would later learn they each had another secret goal.

اما باک بعداً فهمید که هر کدام از آنها هدف مخفی دیگری هم دارند.

That night Buck faced a new and troubling challenge—how to sleep.

آن شب باک با یک چالش جدید و نگران‌کننده روبرو شد - چگونه بخوابد.

The tent glowed warmly with candlelight in the snowy field.

چادر با نور شمع در میان برفزار به گرمی می‌درخشید.

Buck walked inside, thinking he could rest there like before.

باک به داخل رفت، با این فکر که می‌تواند مثل قبل آنجا استراحت کند.

But Perrault and François yelled at him and threw pans.

اما پرو و فرانسوا سرش داد زدند و تابه پرتاب کردند.

Shocked and confused, Buck ran out into the freezing cold.

باک، شوکه و گیج، به سمت سرمای شدید دوید.

A bitter wind stung his wounded shoulder and froze his paws.

باد تندی شانه‌ی زخمی‌اش را گزید و پنجه‌هایش را یخ زد.

He lay down in the snow and tried to sleep out in the open.

او روی برف دراز کشید و سعی کرد در فضای باز بخوابد.

But the cold soon forced him to get back up, shaking badly.

اما سرما خیلی زود او را مجبور کرد که در حالی که به شدت می‌لرزید، دوباره بلند شود.

He wandered through the camp, trying to find a warmer spot.

او در اردوگاه پرسه می‌زد و سعی می‌کرد جای گرم‌تری پیدا کند.

But every corner was just as cold as the one before.

اما هر گوشه به همان سردیِ گوشه‌ی قبل بود.

Sometimes savage dogs jumped at him from the darkness.

گاهی سگ‌های وحشی از تاریکی به سمتش می‌پریدند.

Buck bristled his fur, bared his teeth, and snarled with warning.

باک موهایش را سیخ کرد، دندان‌هایش را نشان داد و با لحنی هشداردهنده غرید.

He was learning fast, and the other dogs backed off quickly.

او سریع یاد می‌گرفت و سگ‌های دیگر سریع عقب‌نشینی می‌کردند.

Still, he had no place to sleep, and no idea what to do.

با این حال، او جایی برای خوابیدن نداشت و نمی‌دانست چه کار کند.

At last, a thought came to him—check on his team-mates.

بالاخره فکری به ذهنش رسید ـ سری به هم‌تیمی‌هایش بزند.

He returned to their area and was surprised to find them gone.

او به منطقه آنها برگشت و با کمال تعجب دید که آنها رفته‌اند.

Again he searched the camp, but still could not find them.

دوباره اردوگاه را جستجو کرد، اما هنوز آنها را پیدا نکرد.

He knew they could not be in the tent, or he would be too.

او می‌دانست که آنها نمی‌توانند در چادر باشند، وگرنه خودش هم آنجا خواهد بود.

So where had all the dogs gone in this frozen camp?

پس این همه سگ توی این کمپ یخ‌زده کجا رفته بودند؟

Buck, cold and miserable, slowly circled around the tent.

باک، سرد و رنجور، به آرامی دور چادر چرخید.

Suddenly, his front legs sank into soft snow and startled him.

ناگهان، پاهای جلویی‌اش در برف نرم فرو رفت و او را از جا پراند.

Something wriggled under his feet, and he jumped back in fear.

چیزی زیر پایش لغزید و از ترس به عقب پرید.

He growled and snarled, not knowing what lay beneath the snow.

او غرید و غرید، بی‌آنکه بداند زیر برف‌ها چه چیزی نهفته است.

Then he heard a friendly little bark that eased his fear.

سپس صدای پارس دوستانه و آرامی شنید که ترسش را فرو نشاند.

He sniffed the air and came closer to see what was hidden.

هوا را بو کشید و نزدیک‌تر آمد تا ببیند چه چیزی پنهان شده است.

Under the snow, curled into a warm ball, was little Billee.

بیلی کوچولو زیر برف، خودش را مثل یک توپ گرم جمع کرده بود.

Billee wagged his tail and licked Buck's face to greet him.

بیلی دمش را تکان داد و صورت باک را لیسید تا به او سلام کند.

Buck saw how Billee had made a sleeping place in the snow.

باک دید که بیلی چطور توی برف‌ها جای خواب درست کرده بود.

He had dug down and used his own heat to stay warm.

او زمین را کنده بود و از گرمای خودش برای گرم ماندن استفاده می‌کرد.

Buck had learned another lesson—this was how the dogs slept.

باک درس دیگری هم آموخته بود ـ سگ‌ها این‌طور می‌خوابیدند.

He picked a spot and started digging his own hole in the snow.

او جایی را انتخاب کرد و شروع به کندن گودالی در برف کرد.

At first, he moved around too much and wasted energy.

اولش، خیلی زیاد اینور و آنور می‌رفت و انرژی‌اش را هدر می‌داد.

But soon his body warmed the space, and he felt safe.

اما خیلی زود بدنش فضا را گرم کرد و احساس امنیت کرد.

He curled up tightly, and before long he was fast asleep.

او محکم در خودش جمع شد و خیلی زود به خواب عمیقی فرو رفت.

The day had been long and hard, and Buck was exhausted.

روز طولانی و سختی بود و باک خسته بود.

He slept deeply and comfortably, though his dreams were wild.

او عمیق و راحت خوابید، هرچند رویاهایش دیوانه‌وار بودند.

He growled and barked in his sleep, twisting as he dreamed.

او در خواب غرغر می‌کرد و پارس می‌کرد و در خواب به خود می‌پیچید.

Buck didn't wake up until the camp was already coming to life.

باک تا زمانی که اردوگاه دوباره جان نگرفته بود، از خواب بیدار نشد.

At first, he didn't know where he was or what had happened.

اولش نمی‌دانست کجاست و چه اتفاقی افتاده است.

Snow had fallen overnight and completely buried his body.

برف تمام شب باریده بود و جسد او را کاملاً دفن کرده بود.

The snow pressed in around him, tight on all sides.

برف از هر طرف، دور تا دورش را گرفته بود و به او فشار می‌آورد.

Suddenly a wave of fear rushed through Buck's entire body.

ناگهان موجی از ترس تمام وجود باک را فرا گرفت.

It was the fear of being trapped, a fear from deep instincts.

ترس از به دام افتادن بود، ترسی برخاسته از غرایز عمیق.

Though he had never seen a trap, the fear lived inside him.

اگرچه او هرگز تله‌ای ندیده بود، اما ترس در درونش زنده بود.

He was a tame dog, but now his old wild instincts were waking.

او سگی رام بود، اما حالا غرایز وحشی قدیمی‌اش بیدار شده بودند.

Buck's muscles tensed, and his fur stood up all over his back.

عضلات باک منقبض شدند و خزهایش تمام پشتش سیخ شد.

He snarled fiercely and sprang straight up through the snow.

او با خشم غرید و مستقیماً از میان برف‌ها بالا پرید.

Snow flew in every direction as he burst into the daylight.

وقتی او به روشنایی روز رسید، برف از هر طرف به هوا برخاست.

Even before landing, Buck saw the camp spread out before him.

باک حتی قبل از فرود آمدن، اردوگاه را دید که پیش رویش گسترده شده بود.

He remembered everything from the day before, all at once.

او همه چیز را از روز قبل، همه و همه را یکجا به یاد آورد.

He remembered strolling with Manuel and ending up in this place.

او قدم زدن با مانوئل و رسیدن به این مکان را به یاد آورد.

He remembered digging the hole and falling asleep in the cold.

یادش آمد که گودال را کنده و در سرما خوابش برده است.

Now he was awake, and the wild world around him was clear.

حالا او بیدار شده بود و دنیای وحشی اطرافش برایش واضح بود.

A shout from François hailed Buck's sudden appearance.

فریادی از فرانسوا، ظهور ناگهانی باک را اعلام کرد.

"What did I say?" the dog-driver cried loudly to Perrault.

«سگبان با صدای بلند به پرو فریاد زد» :من چی گفتم؟

"That Buck for sure learns quick as anything," François added.

فرانسوا اضافه کرد» :اون باک مطمئناً خیلی سریع یاد می‌گیره.«

Perrault nodded gravely, clearly pleased with the result.

پرو با جدیت سر تکان داد، مشخص بود که از نتیجه راضی است.

As a courier for the Canadian Government, he carried dispatches.

او به عنوان پیک دولت کانادا، نامه‌ها را حمل می‌کرد.

He was eager to find the best dogs for his important mission.

او مشتاق بود بهترین سگ‌ها را برای ماموریت مهمش پیدا کند.

He felt especially pleased now that Buck was part of the team.

حالا که باک عضوی از تیم بود، احساس خوشحالی خاصی می‌کرد.

Three more huskies were added to the team within an hour.

سه سگ هاسکی دیگر ظرف یک ساعت به تیم اضافه شدند.

That brought the total number of dogs on the team to nine.

این تعداد کل سگ‌های تیم را به نه نفر رساند.

Within fifteen minutes all the dogs were in their harnesses.

ظرف پانزده دقیقه همه سگ‌ها قلاده‌هایشان را به گردن آویختند.

The sled team was swinging up the trail toward Dyea Cañon.

تیم سورتمه‌سواری در حال بالا رفتن از مسیر به سمت دیئا کانیون بود.

Buck felt glad to be leaving, even if the work ahead was hard.

باک از رفتن خوشحال بود، هرچند کار پیش رو سخت بود.

He found he did not particularly despise the labor or the cold.

او متوجه شد که از کار یا سرما به طور خاص بیزار نیست.

He was surprised by the eagerness that filled the whole team.

او از اشتیاقی که کل تیم را پر کرده بود، شگفت‌زده شد.

Even more surprising was the change that had come over Dave and Solleks.

حتی تعجب‌آورتر، تغییری بود که در دیو و سولکس ایجاد شده بود.

These two dogs were entirely different when they were harnessed.

این دو سگ وقتی مهار شدند کاملاً متفاوت بودند.

Their passiveness and lack of concern had completely disappeared.

انفعال و بی‌توجهی آنها کاملاً از بین رفته بود.

They were alert and active, and eager to do their work well.

آنها هوشیار و فعال بودند و مشتاق بودند که کارشان را به خوبی انجام دهند.

They grew fiercely irritated at anything that caused delay or confusion.

آنها از هر چیزی که باعث تأخیر یا سردرگمی می‌شد، به شدت عصبانی می‌شدند.

The hard work on the reins was the center of their entire being.

کار سخت روی افسار، تمام وجودشان را در بر گرفته بود.

Sled pulling seemed to be the only thing they truly enjoyed.

به نظر می‌رسید کشیدن سورتمه تنها چیزی بود که واقعاً از آن لذت می‌بردند.

Dave was at the back of the group, closest to the sled itself.

دیو در انتهای گروه، نزدیک‌ترین فاصله به خود سورتمه، بود.

Buck was placed in front of Dave, and Solleks pulled ahead of Buck.

باک جلوی دیو قرار گرفت و سولکس از باک جلو زد.

The rest of the dogs were strung out ahead in a single file.

بقیه سگ‌ها در یک ردیف جلوتر به دار آویخته شده بودند.

The lead position at the front was filled by Spitz.

جایگاه رهبری در جلو توسط اسپیتز پر شد.

Buck had been placed between Dave and Solleks for instruction.

باک برای آموزش بین دیو و سولکس قرار داده شده بود.

He was a quick learner, and they were firm and capable teachers.

او خیلی زود یاد می‌گرفت و آنها معلم‌های قاطع و توانمندی بودند.

They never allowed Buck to remain in error for long.

آنها هرگز اجازه ندادند باک مدت زیادی در اشتباه بماند.

They taught their lessons with sharp teeth when needed.

آنها در صورت نیاز با دندان‌های تیز درس‌هایشان را تدریس می‌کردند.

Dave was fair and showed a quiet, serious kind of wisdom.

دیو منصف بود و نوعی خردمندی آرام و جدی از خود نشان می‌داد.

He never bit Buck without a good reason to do so.

او هیچ‌وقت بدون دلیل موجه باک را گاز نمی‌گرفت.

But he never failed to bite when Buck needed correction.

اما وقتی باک به اصلاح نیاز داشت، او هرگز از گاز گرفتن دست نکشید.

François's whip was always ready and backed up their authority.

شلاق فرانسوا همیشه آماده بود و از اقتدار آنها پشتیبانی می‌کرد.

Buck soon found it was better to obey than to fight back.

باک خیلی زود فهمید که اطاعت کردن بهتر از مقابله به مثل کردن است.

Once, during a short rest, Buck got tangled in the reins.

یک بار، در طول یک استراحت کوتاه، باک در افسار اسب گیر کرد.

He delayed the start and confused the team's movement.

او شروع را به تأخیر انداخت و حرکت تیم را گیج کرد.

Dave and Solleks flew at him and gave him a rough beating.

دیو و سولکس به سمتش حمله کردند و حسابی کتکش زدند.

The tangle only got worse, but Buck learned his lesson well.

گره فقط بدتر شد، اما باک درسش را خوب یاد گرفت.

From then on, he kept the reins taut, and worked carefully.

از آن به بعد، افسار را محکم نگه داشت و با دقت کار کرد.

Before the day ended, Buck had mastered much of his task.

قبل از پایان روز، باک بخش زیادی از کارش را انجام داده بود.

His teammates almost stopped correcting or biting him.

هم‌تیمی‌هایش تقریباً دیگر او را سرزنش یا سرزنش نمی‌کردند.

François's whip cracked through the air less and less often.

صدای شلاق فرانسوا کمتر و کمتر در هوا شنیده می‌شد.

Perrault even lifted Buck's feet and carefully examined each paw.

پرو حتی پاهای باک را بلند کرد و با دقت هر پنجه را بررسی کرد.

It had been a hard day's run, long and exhausting for them all.

دویدن روز سختی بود، برای همه آنها طولانی و طاقت فرسا.

They travelled up the Cañon, through Sheep Camp, and past the Scales.

آنها از طریق کانیون، از میان کمپ گوسفندان و از کنار فلس‌ها عبور کردند.

They crossed the timber line, then glaciers and snowdrifts many feet deep.

آنها از مرز درختان جنگلی، سپس یخچال‌های طبیعی و توده‌های برفی به عمق چندین فوت عبور کردند.

They climbed the great cold and forbidding Chilkoot Divide.

آنها از تنگه‌ی بزرگ و سرد و صعب‌العبور چیلکوت بالا رفتند.

That high ridge stood between salt water and the frozen interior.

آن پشته بلند بین آب شور و قسمت داخلی یخزده قرار داشت.

The mountains guarded the sad and lonely North with ice and steep climbs.

کوه‌ها با یخ و سربالایی‌های تند، از شمال غمگین و تنها محافظت می‌کردند.

They made good time down a long chain of lakes below the divide.

آنها در امتداد زنجیره‌ای طولانی از دریاچه‌ها، پایین‌تر از مرز، اوقات خوشی را سپری کردند.

Those lakes filled the ancient craters of extinct volcanoes.

آن دریاچه‌ها دهانه‌های باستانی آتشفشان‌های خاموش را پر می‌کردند.

Late that night, they reached a large camp at Lake Bennett.

اواخر آن شب، آنها به اردوگاه بزرگی در دریاچه بنت رسیدند.

Thousands of gold seekers were there, building boats for spring.

هزاران جوینده طلا آنجا بودند و برای بهار قایق می‌ساختند.

The ice was going break up soon, and they had to be ready.

یخ به زودی آب می‌شد و آنها باید آماده می‌بودند.

Buck dug his hole in the snow and fell into a deep sleep.

باک سوراخش را در برف کند و به خواب عمیقی فرو رفت.

He slept like a working man, exhausted from the harsh day of toil.

او مانند یک کارگر، خسته از یک روز سخت و طاقت‌فرسا، به خواب رفت.

But too early in the darkness, he was dragged from sleep.

اما خیلی زود، در تاریکی، او را از خواب بیدار کردند.

He was harnessed with his mates again and attached to the sled.

او دوباره به همراه دوستانش مهار شد و به سورتمه وصل شد.

That day they made forty miles, because the snow was well trodden.

آن روز آنها چهل مایل پیشروی کردند، زیرا برف به خوبی زیر پا گذاشته شده بود.

The next day, and for many days after, the snow was soft.

روز بعد، و تا چند روز بعد، برف نرم بود.

They had to make the path themselves, working harder and moving slower.

آنها مجبور بودند خودشان مسیر را بسازند، سخت‌تر کار کنند و آهسته‌تر حرکت کنند.

Usually, Perrault walked ahead of the team with webbed snowshoes.

معمولاً، پرو با کفش‌های برفی پرده‌دار جلوتر از تیم حرکت می‌کرد.

His steps packed the snow, making it easier for the sled to move.

قدم‌هایش برف را فشرده می‌کرد و حرکت سورتمه را آسان‌تر می‌کرد.

François, who steered from the gee-pole, sometimes took over.

فرانسوا، که از روی دکل هدایت می‌کرد، گاهی اوقات سکان را به دست می‌گرفت.

But it was rare that François took the lead

اما به ندرت پیش می‌آمد که فرانسوا رهبری را به دست بگیرد

because Perrault was in a rush to deliver the letters and parcels.

زیرا پرو برای رساندن نامه‌ها و بسته‌ها عجله داشت.

Perrault was proud of his knowledge of snow, and especially ice.

پرو به دانش خود در مورد برف و به خصوص یخ افتخار می‌کرد.

That knowledge was essential, because fall ice was dangerously thin.

این دانش ضروری بود، زیرا یخ پاییزی به طرز خطرناکی نازک بود.

Where water flowed fast beneath the surface, there was no ice at all.

جایی که آب به سرعت در زیر سطح جریان داشت، اصلاً یخی وجود نداشت.

Day after day, the same routine repeated without end.

روز به روز، همان روال همیشگی و بی‌پایان تکرار می‌شد.

Buck toiled endlessly in the reins from dawn until night.

باک از سپیده دم تا شب بی‌وقفه افسار را در دست داشت و زحمت می‌کشید.

They left camp in the dark, long before the sun had risen.

آنها در تاریکی، مدت‌ها قبل از طلوع خورشید، اردوگاه را ترک کردند.

By the time daylight came, many miles were already behind them.

وقتی هوا روشن شد، کیلومترها از آنها عقب مانده بود.

They pitched camp after dark, eating fish and burrowing into snow.

آنها بعد از تاریکی هوا اردو زدند، ماهی خوردند و در برف‌ها نقب زدند.

Buck was always hungry and never truly satisfied with his ration.

باک همیشه گرسنه بود و هیچ‌وقت واقعاً از جیره‌اش راضی نبود.

He received a pound and a half of dried salmon each day.

او هر روز یک و نیم پوند ماهی سالمون خشک دریافت می‌کرد.

But the food seemed to vanish inside him, leaving hunger behind.

اما به نظر می‌رسید غذا در درونش ناپدید شده و گرسنگی را پشت سر گذاشته است.

He suffered from constant pangs of hunger, and dreamed of more food.

او از گرسنگی مداوم رنج می‌برد و رویای غذای بیشتر را در سر می‌پروراند.

The other dogs got only one pound of food, but they stayed strong.

سگ‌های دیگر فقط یک پوند غذا دریافت کردند، اما قوی ماندند.

They were smaller, and had been born into the northern life.

آنها کوچکتر بودند و در زندگی شمالی متولد شده بودند.

He swiftly lost the fastidiousness which had marked his old life.

او به سرعت آن وسواس و دقتی را که در زندگی گذشته‌اش داشت، از دست داد.

He had been a dainty eater, but now that was no longer possible.

او قبلاً غذاهای لذیذ می‌خورد، اما حالا دیگر این امکان برایش وجود نداشت.

His mates finished first and robbed him of his unfinished ration.

رفقایش زودتر از بقیه تمام کردند و جیره ناتمامش را دزدیدند.

Once they began there was no way to defend his food from them.

وقتی شروع کردند، دیگر هیچ راهی برای دفاع از غذایش در برابرشان وجود نداشت.

While he fought off two or three dogs, the others stole the rest.

در حالی که او با دو یا سه سگ درگیر بود، بقیه سگ‌ها بقیه را دزدیدند.

To fix this, he began eating as fast as the others ate.

برای رفع این مشکل، او شروع کرد به همان سرعتی که بقیه غذا می‌خوردند.

Hunger pushed him so hard that he even took food not his own.

گرسنگی آنقدر به او فشار آورد که حتی غذایی غیر از غذای خودش را هم خورد.

He watched the others and learned quickly from their actions.

او دیگران را تماشا می‌کرد و به سرعت از اعمال آنها درس می‌گرفت.

He saw Pike, a new dog, steal a slice of bacon from Perrault.

او پایک، سگ جدید، را دید که یک تکه بیکن از پرو دزدید.

Pike had waited until Perrault's back was turned to steal the bacon.

پایک صبر کرده بود تا پرالت پشتش را به او کند و بعد بیکن را بدزدد.

The next day, Buck copied Pike and stole the whole chunk.

روز بعد، باک از روی پایک کپی کرد و کل آن تکه را دزدید.

A great uproar followed, but Buck was not suspected.

غوغای بزرگی به پا شد، اما کسی به باک مظنون نشد.

Dub, a clumsy dog who always got caught, was punished instead.

داب، سگ دست و پا چلفتی که همیشه گیر می‌افتاد، به جای او تنبیه شد.

That first theft marked Buck as a dog fit to survive the North.

آن اولین دزدی، باک را به عنوان سگی مناسب برای زنده ماندن در شمال معرفی کرد.

He showed he could adapt to new conditions and learn quickly.

او نشان داد که می‌تواند به سرعت با شرایط جدید سازگار شود و یاد بگیرد.

Without such adaptability, he would have died swiftly and badly.

بدون چنین سازگاری، او به سرعت و به طرز بدی می‌مرد.

It also marked the breakdown of his moral nature and past values.

همچنین نشانگر فروپاشی طبیعت اخلاقی و ارزش‌های گذشته او بود.

In the Southland, he had lived under the law of love and kindness.

در سرزمین جنوبی، او تحت قانون عشق و مهربانی زندگی کرده بود.

There it made sense to respect property and other dogs' feelings.

در آنجا احترام به مالکیت و احساسات سگ‌های دیگر منطقی بود.

But the Northland followed the law of club and the law of fang.

اما سرزمین شمالی از قانون چماق و قانون نیش پیروی می‌کرد.

Whoever respected old values here was foolish and would fail.

هر کسی که اینجا به ارزش‌های قدیمی احترام می‌گذاشت، احمق بود و شکست می‌خورد.

Buck did not reason all this out in his mind.

باک همه اینها را در ذهنش استدلال نکرد.

He was fit, and so he adjusted without needing to think.

او سرحال بود، و بنابراین بدون نیاز به فکر کردن، خودش را وفق داد.

All his life, he had never run away from a fight.

در تمام عمرش، هرگز از مبارزه فرار نکرده بود.

But the wooden club of the man in the red sweater changed that rule.

اما چماق چوبی مرد ژاکت قرمزپوش این قانون را تغییر داد.

Now he followed a deeper, older code written into his being.

حالا او از یک قانون قدیمی‌تر و عمیق‌تر که در وجودش نوشته شده بود، پیروی می‌کرد.

He did not steal out of pleasure, but from the pain of hunger.

او از روی لذت دزدی نمی‌کرد، بلکه از درد گرسنگی دزدی می‌کرد.

He never robbed openly, but stole with cunning and care.

او هرگز آشکارا دزدی نمی‌کرد، بلکه با زیرکی و دقت دزدی می‌کرد.

He acted out of respect for the wooden club and fear of the fang.

او از روی احترام به چماق چوبی و ترس از نیش عمل کرد.

In short, he did what was easier and safer than not doing it.

خلاصه اینکه، او کاری را انجام داد که آسان‌تر و ایمن‌تر از انجام ندادنش بود.

His development—or perhaps his return to old instincts—was fast.

پیشرفت او ـ یا شاید بازگشتش به غرایز قدیمی ـ سریع بود.

His muscles hardened until they felt as strong as iron.

عضلاتش آنقدر سفت شدند که انگار مثل آهن محکم شده بودند.

He no longer cared about pain, unless it was serious.

او دیگر به درد اهمیتی نمی‌داد، مگر اینکه خیلی جدی بود.

He became efficient inside and out, wasting nothing at all.

او از درون و بیرون کارآمد شد و هیچ چیز را هدر نداد.

He could eat things that were vile, rotten, or hard to digest.

او می‌توانست چیزهایی را بخورد که بد، فاسد یا هضمشان سخت بود.

Whatever he ate, his stomach used every last bit of value.

هر چه می‌خورد، معده‌اش تا آخرین ذره‌ی ارزشش را مصرف می‌کرد.

His blood carried the nutrients far through his powerful body.

خون او مواد مغذی را در بدن قدرتمندش به دوردست‌ها منتقل می‌کرد.

This built strong tissues that gave him incredible endurance.

این باعث ایجاد بافت‌های قوی شد که به او استقامت باورنکردنی بخشید.

His sight and smell became much more sensitive than before.

حس بینایی و بویایی او بسیار حساس‌تر از قبل شد.

His hearing grew so sharp he could detect faint sounds in sleep.

شنوایی او آنقدر تیز شد که می‌توانست صداهای ضعیف را در خواب تشخیص دهد.

He knew in his dreams whether the sounds meant safety or danger.

او در خواب‌هایش می‌دانست که آیا صداها به معنای امنیت هستند یا خطر.

He learned to bite the ice between his toes with his teeth.

یاد گرفت که یخ بین انگشتان پایش را با دندان گاز بگیرد.

If a water hole froze over, he would break the ice with his legs.

اگر جوی آب یخ می‌زد، او با پاهایش یخ را می‌شکست.

He reared up and struck the ice hard with stiff front limbs.

او دوباره بلند شد و با پاهای جلویی سفتش محکم به یخ کوبید.

His most striking ability was predicting wind changes overnight.

قابل توجه‌ترین توانایی او پیش‌بینی تغییرات باد در طول شب بود.

Even when the air was still, he chose spots sheltered from wind.

حتی وقتی هوا آرام بود، او نقاطی را انتخاب می‌کرد که از باد در امان باشند.

Wherever he dug his nest, the next day's wind passed him by.

هر جا که لانه‌اش را حفر می‌کرد، باد روز بعد از کنارش می‌گذشت.

He always ended up snug and protected, to leeward of the breeze.

او همیشه در نهایت دنج و محفوظ، و در پناه نسیم خنک، می‌ماند.

Buck not only learned by experience — his instincts returned too.

باک نه تنها از طریق تجربه یاد گرفت، بلکه غرایزش نیز بازگشتند.

The habits of domesticated generations began to fall away.

عادات نسل‌های اهلی‌شده شروع به از بین رفتن کرد.

In vague ways, he remembered the ancient times of his breed.

او به شیوه‌های مبهمی دوران باستان نژاد خود را به یاد می‌آورد.

He thought back to when wild dogs ran in packs through forests.

او به زمانی فکر کرد که سگ‌های وحشی دسته‌جمعی در جنگل‌ها می‌دویدند.

They had chased and killed their prey while running it down.

آنها طعمه خود را تعقیب کرده و هنگام دویدن کشته بودند.

It was easy for Buck to learn how to fight with tooth and speed.

برای باک آسان بود که یاد بگیرد چگونه با چنگ و دندان و سرعت بجنگد.

He used cuts, slashes, and quick snaps just like his ancestors.

او درست مانند اجدادش از بریدن، بریدن‌های ناگهانی و ضربات سریع استفاده می‌کرد.

Those ancestors stirred within him and awoke his wild nature.

آن اجداد در درون او به جنبش درآمدند و طبیعت وحشی او را بیدار کردند.

Their old skills had passed into him through the bloodline.

مهارت‌های قدیمی آنها از طریق نسل به او منتقل شده بود.

Their tricks were his now, with no need for practice or effort.

ترفندهای آنها حالا مال او بود، بدون نیاز به تمرین یا تلاش.

On still, cold nights, Buck lifted his nose and howled.

در شب‌های سرد و بی‌حرکت، باک بینی‌اش را بالا می‌گرفت و زوزه می‌کشید.

He howled long and deep, the way wolves had done long ago.

او زوزه‌های طولانی و عمیقی کشید، همانطور که گرگ‌ها مدت‌ها پیش زوزه می‌کشیدند.

Through him, his dead ancestors pointed their noses and howled.

اجداد مرده‌اش از طریق او بینی‌هایشان را به سمتش نشانه گرفتند و زوزه کشیدند.

They howled down through the centuries in his voice and shape.

آنها در طول قرن‌ها با صدا و شکل او زوزه می‌کشیدند.

His cadences were theirs, old cries that told of grief and cold.

آهنگ صدایش، صدای خودشان بود، فریادهای قدیمی که از غم و سرما حکایت می‌کردند.

They sang of darkness, of hunger, and the meaning of winter.

آنها از تاریکی، از گرسنگی و معنای زمستان آواز خواندند.

Buck proved of how life is shaped by forces beyond oneself,

باک ثابت کرد که چگونه زندگی توسط نیروهایی فراتر از خود شکل می‌گیرد،

the ancient song rose through Buck and took hold of his soul.

آن آهنگ باستانی در وجود باک طنین انداخت و روحش را تسخیر کرد.

He found himself because men had found gold in the North.

او خودش را پیدا کرد، چون مردانی در شمال طلا پیدا کرده بودند.

And he found himself because Manuel, the gardener's helper, needed money.

و خودش را پیدا کرد چون مانوئل، دستیار باغبان، به پول نیاز داشت.

The Dominant Primordial Beast
جانور غالب اولیه

The dominant primordial beast was as strong as ever in Buck.
هیولای ازلیِ غالب، در وجود باک، مثل همیشه قوی بود.
But the dominant primordial beast had lain dormant in him.
اما آن هیولای ازلیِ غالب، در او خفته بود.
Trail life was harsh, but it strengthened beast inside Buck.
زندگی در مسیرهای کوهستانی سخت بود، اما هیولای درون باک را تقویت می‌کرد.
Secretly the beast grew stronger and stronger every day.
مخفیانه، آن هیولا هر روز قوی‌تر و قوی‌تر می‌شد.
But that inner growth stayed hidden to the outside world.
اما آن رشد درونی از دید دنیای بیرون پنهان ماند.
A quiet and calm primordial force was building inside Buck.
یک نیروی اولیه‌ی آرام و بی‌صدا در درون باک در حال شکل‌گیری بود.
New cunning gave Buck balance, calm control, and poise.
حیله‌گری جدید به باک تعادل، آرامش و کنترل وقار بخشید.
Buck focused hard on adapting, never feeling fully relaxed.
باک سخت روی سازگاری تمرکز کرد، و هرگز احساس آرامش کامل نکرد.
He avoided conflict, never starting fights, nor seeking trouble.
او از درگیری اجتناب می‌کرد، هرگز دعوا راه نمی‌انداخت و دنبال دردسر هم نمی‌گشت.
A slow, steady thoughtfulness shaped Buck's every move.
اندیشه‌ای آرام و پیوسته، هر حرکت باک را شکل می‌داد.
He avoided rash choices and sudden, reckless decisions.
از انتخاب‌های عجولانه و تصمیمات ناگهانی و نسنجیده پرهیز می‌کرد.
Though Buck hated Spitz deeply, he showed him no aggression.
اگرچه باک عمیقاً از اسپیتز متنفر بود، اما هیچ پرخاشگری به او نشان نداد.
Buck never provoked Spitz, and kept his actions restrained.
باک هرگز اسپیتز را تحریک نکرد و اعمالش را مهار کرد.

Spitz, on the other hand, sensed the growing danger in Buck.

از طرف دیگر، اسپیتز خطر رو به رشدی را در باک حس کرد.

He saw Buck as a threat and a serious challenge to his power.

او باک را تهدیدی و چالشی جدی برای قدرت خود می دید.

He used every chance to snarl and show his sharp teeth.

او از هر فرصتی برای غریدن و نشان دادن دندان‌های تیزش استفاده می‌کرد.

He was trying to start the deadly fight that had to come.

او سعی داشت نبرد مرگباری را که قرار بود اتفاق بیفتد، آغاز کند.

Early in the trip, a fight nearly broke out between them.

در اوایل سفر، نزدیک بود بین آنها دعوایی در بگیرد.

But an unexpected accident stopped the fight from happening.

اما یک حادثه غیرمنتظره مانع از وقوع این مبارزه شد.

That evening they set up camp on the bitterly cold Lake Le Barge.

آن شب آنها در کنار دریاچه بسیار سرد لو بارج اردو زدند.

The snow was falling hard, and the wind cut like a knife.

برف شدیدی می‌بارید و باد مثل چاقو همه جا را می‌برید.

The night had come too fast, and darkness surrounded them.

شب خیلی سریع از راه رسیده بود و تاریکی آنها را احاطه کرده بود.

They could hardly have chosen a worse place for rest.

آنها به سختی می‌توانستند جای بدتری را برای استراحت انتخاب کنند.

The dogs searched desperately for a place to lie down.

سگ‌ها با ناامیدی دنبال جایی برای دراز کشیدن می‌گشتند.

A tall rock wall rose steeply behind the small group.

یک دیوار صخره‌ای بلند با شیب تندی پشت سر گروه کوچک قد علم کرده بود.

The tent had been left behind in Dyea to lighten the load.

باقی مانده بود (Dyea) چادر برای سبک‌تر شدن بار، در دایه.

They had no choice but to make the fire on the ice itself.

آنها چاره‌ای جز روشن کردن آتش روی خود یخ نداشتند.

They spread their sleeping robes directly on the frozen lake.

آنها لباس خواب خود را مستقیماً روی دریاچه یخ زده پهن کردند.

A few sticks of driftwood gave them a little bit of fire.

چند تکه چوب آب آورده کمی آتش به آنها می‌داد.

But the fire was built on the ice, and thawed through it.

اما آتش روی یخ برپا شده بود و از میان آن آب می‌شد.

Eventually they were eating their supper in darkness.

سرانجام آنها شام خود را در تاریکی خوردند.

Buck curled up beside the rock, sheltered from the cold wind.

باک کنار صخره چمباتمه زد، پناه گرفته از باد سرد.

The spot was so warm and safe that Buck hated to move away.

آن مکان آنقدر گرم و امن بود که باک از رفتن به آنجا بیزار بود.

But François had warmed the fish and was handing out rations.

اما فرانسوا ماهی‌ها را گرم کرده بود و داشت جیره غذایی پخش می‌کرد.

Buck finished eating quickly, and returned to his bed.

باک سریع غذایش را تمام کرد و به رختخوابش برگشت.

But Spitz was now laying where Buck had made his bed.

اما اسپیتز حالا جایی که باک تختش را پهن کرده بود، دراز کشیده بود.

A low snarl warned Buck that Spitz refused to move.

غرشی آرام به باک هشدار داد که اسپیتز از حرکت خودداری می‌کند.

Until now, Buck had avoided this fight with Spitz.

تا این لحظه، باک از این مبارزه با اسپیتز اجتناب کرده بود.

But deep inside Buck the beast finally broke loose.

اما در اعماق وجود باک، هیولا بالاخره آزاد شد.

The theft of his sleeping place was too much to tolerate.

دزدیده شدن محل خوابش غیرقابل تحمل بود.

Buck launched himself at Spitz, full of anger and rage.

باک، پر از خشم و غضب، خودش را به سمت اسپیتز پرتاب کرد.

Up until not Spitz had thought Buck was just a big dog.

تا همین اواخر، اسپیتز فکر نمی‌کرد باک فقط یک سگ بزرگ است.

He didn't think Buck had survived through his spirit.

او فکر نمی‌کرد که باک به لطف روح او زنده مانده باشد.

He was expecting fear and cowardice, not fury and revenge.

او انتظار ترس و بزدلی داشت، نه خشم و انتقام.

François stared as both dogs burst from the ruined nest.

فرانسوا خیره شد به هر دو سگ که از لانه‌ی ویران بیرون پریدند.

He understood at once what had started the wild struggle.

او فوراً فهمید که چه چیزی باعث شروع آن کشمکش وحشیانه شده است.

"A-a-ah!" François cried out in support of the brown dog.

«فرانسوا در حمایت از سگ قهوه‌ای فریاد زد» :آآآه

"Give him a beating! By God, punish that sneaky thief!"

«کتکش بزن تو رو خدا، اون دزد موذی رو مجازات کن»

Spitz showed equal readiness and wild eagerness to fight.

اسپیتز به همان اندازه آمادگی و اشتیاق وحشی برای جنگیدن نشان داد.

He cried out in rage while circling fast, seeking an opening.

او در حالی که به سرعت دور خود می‌چرخید و به دنبال روزنه می‌گشت، از خشم فریاد زد.

Buck showed the same hunger to fight, and the same caution.

باک همان عطش مبارزه و همان احتیاط را نشان داد.

He circled his opponent as well, trying to gain the upper hand in battle.

او حریفش را نیز دور خود حلقه زد و سعی کرد در نبرد دست بالا را داشته باشد.

Then something unexpected happened and changed everything.

سپس اتفاقی غیرمنتظره رخ داد و همه چیز را تغییر داد.

That moment delayed the eventual fight for the leadership.

آن لحظه، مبارزه نهایی برای رهبری را به تأخیر انداخت.

Many miles of trail and struggle still waited before the end.

هنوز کیلومترها راه و سختی در انتظار پایان بود.

Perrault shouted an oath as a club smacked against bone.

پرو فریاد زد و فحش داد، در حالی که باتومی به استخوانش خورد.

A sharp yelp of pain followed, then chaos exploded all around.

ناله‌ی تیزی از درد به گوش رسید، سپس هرج و مرج همه جا را فرا گرفت.

Dark shapes moved in camp; wild huskies, starved and fierce.

موجوداتی تاریک در اردوگاه حرکت می‌کردند؛ هاسکی‌های وحشی، گرسنه و درنده.

Four or five dozen huskies had sniffed the camp from far away.

چهار یا پنج دوجین سگ هاسکی از دور، اردوگاه را بو کشیده بودند.

They had crept in quietly while the two dogs fought nearby.

آنها یواشکی وارد شده بودند در حالی که دو سگ در همان نزدیکی مشغول دعوا بودند.

François and Perrault charged, swinging clubs at the invaders.

فرانسوا و پرو با چماق به سمت مهاجمان حمله کردند.

The starving huskies showed teeth and fought back in frenzy.

هاسکی‌های گرسنه دندان‌هایشان را نشان دادند و دیوانه‌وار جنگیدند.

The smell of meat and bread had driven them past all fear.

بوی گوشت و نان آنها را از هر ترسی رها کرده بود.

Perrault beat a dog that had buried its head in the grub-box.

پرو سگی را که سرش را در ظرف غذا فرو کرده بود، کتک زد.

The blow hit hard, and the box flipped, food spilling out.

ضربه محکمی خورد و جعبه واژگون شد و غذا بیرون ریخت.

In seconds, a score of wild beasts tore into the bread and meat.

در عرض چند ثانیه، ده‌ها حیوان وحشی نان و گوشت را پاره کردند.

The men's clubs landed blow after blow, but no dog turned away.

چماق‌های مردانه پشت سر هم فرود می‌آمدند، اما هیچ سگی رو برنمی‌گرداند.

They howled in pain, but fought until no food remained.

آنها از درد زوزه می‌کشیدند، اما آنقدر جنگیدند تا دیگر غذایی باقی نماند.

Meanwhile, the sled-dogs had jumped from their snowy beds.

در همین حال، سگ‌های سورتمه از تخت‌های برفی خود بیرون پریده بودند.

They were instantly attacked by the vicious hungry huskies.

آنها فوراً مورد حمله هاسکی‌های گرسنه و وحشی قرار گرفتند.

Buck had never seen such wild and starved creatures before.

باک قبلاً هرگز چنین موجودات وحشی و گرسنه‌ای ندیده بود.

Their skin hung loose, barely hiding their skeletons.

پوستشان شل و آویزان بود و به سختی اسکلتشان را پنهان می‌کرد.

There was a fire in their eyes, from hunger and madness

آتشی در چشمانشان بود، از گرسنگی و جنون

There was no stopping them; no resisting their savage rush.

هیچ چیز جلودارشان نبود؛ هیچ مقاومتی در برابر هجوم وحشیانه‌شان وجود نداشت.

The sled-dogs were shoved back, pressed against the cliff wall.

سگ‌های سورتمه به عقب رانده شدند و به دیواره صخره فشرده شدند.

Three huskies attacked Buck at once, tearing into his flesh.

سه سگ هاسکی به یکباره به باک حمله کردند و گوشت بدنش را پاره پاره کردند.

Blood poured from his head and shoulders, where he'd been cut.

خون از سر و شانه‌هایش، جایی که بریده شده بود، جاری بود.

The noise filled the camp; growling, yelps, and cries of pain.

سر و صدا اردوگاه را پر کرد؛ غرش، زوزه و فریادهای درد.

Billee cried loudly, as usual, caught in the fray and panic.

بیلی، مثل همیشه، در میان هیاهو و وحشت، با صدای بلند گریه می‌کرد.

Dave and Solleks stood side by side, bleeding but defiant.

دیو و سولکس کنار هم ایستاده بودند، خون‌آلود اما جسور.

Joe fought like a demon, biting anything that came close.

جو مثل یک دیو می‌جنگید و هر چیزی را که نزدیک می‌شد، گاز می‌گرفت.

He crushed a husky's leg with one brutal snap of his jaws.

او با یک ضربه وحشیانه فکش، پای یک سگ هاسکی را له کرد.

Pike jumped on the wounded husky and broke its neck instantly.

پایک روی هاسکی زخمی پرید و فوراً گردنش را شکست.

Buck caught a husky by the throat and ripped through the vein.

باک گلوی یک سگ هاسکی را گرفت و رگش را پاره کرد.

Blood sprayed, and the warm taste drove Buck into a frenzy.

خون پاشیده شد و طعم گرم آن، باک را به جنون کشاند.

He hurled himself at another attacker without hesitation.

او بدون هیچ تردیدی خودش را به سمت مهاجم دیگری پرتاب کرد.

At the same moment, sharp teeth dug into Buck's own throat.

در همان لحظه، دندان‌های تیزی گلوی خود باک را فرو بردند.
Spitz had struck from the side, attacking without warning.
اسپیتز از پهلو حمله کرده بود و بدون هشدار حمله کرده بود.
Perrault and François had defeated the dogs stealing the food.
پرو و فرانسوا سگ‌هایی را که غذا می‌دزدیدند، شکست داده بودند.
Now they rushed to help their dogs fight back the attackers.
حالا آنها برای کمک به سگ‌هایشان در مبارزه با مهاجمان شتافتند.
The starving dogs retreated as the men swung their clubs.
سگ‌های گرسنه عقب‌نشینی کردند، در حالی که مردان باتوم‌هایشان را به اهتزاز در می‌آوردند.
Buck broke free from the attack, but the escape was brief.
باک از حمله جان سالم به در برد، اما فرارش کوتاه بود.
The men ran to save their dogs, and the huskies swarmed again.
مردها برای نجات سگ‌هایشان دویدند و سگ‌های هاسکی دوباره هجوم آوردند.
Billee, frightened into bravery, leapt into the pack of dogs.
بیلی که از ترس شجاع شده بود، به میان گله سگ‌ها پرید.
But then he fled across the ice, in raw terror and panic.
اما سپس او در وحشت و هراس شدید، از روی یخ فرار کرد.
Pike and Dub followed close behind, running for their lives.
پایک و داب، برای نجات جانشان، با فاصله کمی از پشت سر آنها را دنبال می‌کردند.
The rest of the team broke and scattered, following after them.
بقیه‌ی اعضای تیم هم متفرق و پراکنده شدند و آنها را دنبال کردند.
Buck gathered his strength to run, but then saw a flash.
باک تمام توانش را جمع کرد تا فرار کند، اما ناگهان برقی دید.
Spitz lunged at Buck's side, trying to knock him to the ground.
اسپیتز به پهلوی باک حمله کرد و سعی داشت او را به زمین بیندازد.
Under that mob of huskies, Buck would have had no escape.
باک زیر آن جمعیت سگ‌های هاسکی، راه فراری نداشت.
But Buck stood firm and braced for the blow from Spitz.
اما باک محکم ایستاد و خود را برای ضربه اسپیتز آماده کرد.

Then he turned and ran out onto the ice with the fleeing team.

سپس برگشت و به همراه تیم در حال فرار، روی یخ دوید.

Later, the nine sled-dogs gathered in the shelter of the woods.

کمی بعد، نه سگ سورتمه‌سوار در پناه جنگل جمع شدند.

No one chased them anymore, but they were battered and wounded.

دیگر کسی آنها را تعقیب نکرد، اما آنها کتک خورده و زخمی بودند.

Each dog had wounds; four or five deep cuts on every body.

هر سگ زخم‌هایی داشت؛ چهار یا پنج بریدگی عمیق روی بدن هر کدام.

Dub had an injured hind leg and struggled to walk now.

داب پای عقبش آسیب دیده بود و حالا برای راه رفتن تقلا می‌کرد.

Dolly, the newest dog from Dyea, had a slashed throat.

دالی، جدیدترین سگ دایه، گلویش بریده شده بود.

Joe had lost an eye, and Billee's ear was cut to pieces

جو یک چشمش را از دست داده بود و گوش بیلی تکه تکه شده بود

All the dogs cried in pain and defeat through the night.

تمام سگ‌ها تمام شب از درد و شکست گریه می‌کردند.

At dawn they crept back to camp, sore and broken.

سپیده دم، زخمی و شکسته، یواشکی به اردوگاه بازگشتند.

The huskies had vanished, but the damage had been done.

سگ‌های هاسکی ناپدید شده بودند، اما خسارت وارد شده بود.

Perrault and François stood in foul moods over the ruin.

پرو و فرانسوا با عصبانیت بالای سر خرابه ایستاده بودند.

Half of the food was gone, snatched by the hungry thieves.

نیمی از غذا تمام شده بود و دزدان گرسنه آن را ربوده بودند.

The huskies had torn through sled bindings and canvas.

سگ‌های هاسکی بندهای سورتمه و پارچه‌های برزنتی را پاره کرده بودند.

Anything with a smell of food had been devoured completely.

هر چیزی که بوی غذا می‌داد، کاملاً بلعیده شده بود.

They ate a pair of Perrault's moose-hide traveling boots.

آنها یک جفت چکمه مسافرتی از پوست گوزن پرو را خوردند.

They chewed leather reis and ruined straps beyond use.

آنها ریس چرمی را می‌جویدند و تسمه‌ها را طوری خراب می‌کردند که دیگر قابل استفاده نبودند.

François stopped staring at the torn lash to check the dogs.

فرانسوا از خیره شدن به شلاق پاره شده دست کشید تا سگ‌ها را بررسی کند.

"Ah, my friends," he said, his voice low and filled with worry.

او با صدایی آرام و پر از نگرانی گفت: «آه، دوستان من-»

"Maybe all these bites will turn you into mad beasts."

«شاید همه این گازها تو را به جانوران دیوانه تبدیل کند».

"Maybe all mad dogs, sacredam! What do you think, Perrault?"

«شاید همه سگ‌های هار، خدای من نظرت چیه، پرو؟»

Perrault shook his head, eyes dark with concern and fear.

پرو، در حالی که چشمانش از نگرانی و ترس تیره شده بود، سرش را تکان داد.

Four hundred miles still lay between them and Dawson.

هنوز چهارصد مایل بین آنها و داوسون فاصله بود.

Dog madness now could destroy any chance of survival.

جنون سگ اکنون می‌تواند هرگونه شانس بقا را از بین ببرد.

They spent two hours swearing and trying to fix the gear.

آنها دو ساعت فحش دادند و سعی کردند تجهیزات را درست کنند.

The wounded team finally left the camp, broken and defeated.

تیم زخمی سرانجام، شکسته و شکست خورده، اردوگاه را ترک کرد.

This was the hardest trail yet, and each step was painful.

این سخت‌ترین مسیر تا آن موقع بود، و هر قدم دردناک بود.

The Thirty Mile River had not frozen, and was rushing wildly.

رودخانه سی مایلی یخ نزده بود و به طرز وحشیانه‌ای خروشان بود.

Only in calm spots and swirling eddies did ice manage to hold.

تنها در نقاط آرام و گرداب‌های چرخان، یخ می‌توانست خود را حفظ کند.

Six days of hard labor passed until the thirty miles were done.

شش روز کار طاقت‌فرسا گذشت تا سی مایل طی شد.

Each mile of the trail brought danger and the threat of death.

هر مایل از مسیر، خطر و تهدید مرگ را به همراه داشت.
The men and dogs risked their lives with every painful step.
مردان و سگ‌ها با هر قدم دردناک، جان خود را به خطر می‌انداختند.
Perrault broke through thin ice bridges a dozen different times.
پرو دوازده بار از پل‌های یخی نازک عبور کرد.
He carried a pole and let it fall across the hole his body made.
او چوبی را حمل کرد و آن را از روی سوراخی که بدنش ایجاد کرده بود، انداخت.
More than once did that pole save Perrault from drowning.
آن تیرک بیش از یک بار پرو را از غرق شدن نجات داد.
The cold snap held firm, the air was fifty degrees below zero.
سرمای ناگهانی پابرجا بود، هوا پنجاه درجه زیر صفر بود.
Every time he fell in, Perrault had to light a fire to survive.
هر بار که در آب می‌افتاد، پرو مجبور بود برای زنده ماندن آتش روشن کند.
Wet clothing froze fast, so he dried them near blazing heat.
لباس‌های خیس سریع یخ می‌زدند، بنابراین او آنها را نزدیک به حرارت سوزان خشک کرد.
No fear ever touched Perrault, and that made him a courier.
پرو هرگز ترسی نداشت و همین او را به یک پیک تبدیل کرد.
He was chosen for danger, and he met it with quiet resolve.
او برای خطر انتخاب شده بود، و با عزمی راسخ با آن روبرو شد.
He pressed forward into wind, his shriveled face frostbitten.
او در حالی که صورت چروکیده‌اش از سرما یخ زده بود، به سمت باد هجوم آورد.
From faint dawn to nightfall, Perrault led them onward.
از سپیده دم تا شامگاه، پرو آنها را به پیش راند.
He walked on narrow rim ice that cracked with every step.
او روی یخ‌های باریکی که با هر قدم ترک می‌خوردند، راه می‌رفت.
They dared not stop—each pause risked a deadly collapse.
آنها جرات توقف نداشتند - هر مکثی خطر سقوط مرگباری را به همراه داشت.
One time the sled broke through, pulling Dave and Buck in.

یک بار سورتمه از میان شکافت و دیو و باک را به داخل کشید.

By the time they were dragged free, both were near frozen.

زمانی که آنها را آزاد کردند، هر دو تقریباً یخ زده بودند.

The men built a fire quickly to keep Buck and Dave alive.

مردان به سرعت آتشی روشن کردند تا باک و دیو را زنده نگه دارند.

The dogs were coated in ice from nose to tail, stiff as carved wood.

سگ‌ها از بینی تا دم با یخ پوشانده شده بودند، سفت و سخت مثل چوب کنده‌کاری شده.

The men ran them in circles near the fire to thaw their bodies.

مردها آنها را دور آتش می‌چرخاندند تا یخ بدنشان آب شود.

They came so close to the flames that their fur was singed.

آنها آنقدر به شعله‌های آتش نزدیک شدند که موهایشان سوخت.

Spitz broke through the ice next, dragging in the team behind him.

اسپیتز نفر بعدی بود که یخ را شکست و تیم را به دنبال خود کشید.

The break reached all the way up to where Buck was pulling.

این شکستگی تا جایی که باک داشت طناب را می‌کشید، رسیده بود.

Buck leaned back hard, paws slipping and trembling on the edge.

باک محکم به عقب تکیه داد، پنجه‌هایش روی لبه‌ی دیوار می‌لغزیدند و می‌لرزیدند.

Dave also strained backward, just behind Buck on the line.

دیو هم به عقب خم شد، درست پشت سر باک روی طناب.

François hauled on the sled, his muscles cracking with effort.

فرانسوا سورتمه را به دنبال خود می‌کشید، عضلاتش از شدت تلاش منقبض می‌شدند.

Another time, rim ice cracked before and behind the sled.

بار دیگر، یخ‌های لبه‌ی سورتمه، چه در جلو و چه در پشت آن، ترک خوردند.

They had no way out except to climb a frozen cliff wall.

آنها هیچ راه فراری نداشتند جز اینکه از دیواره‌ی صخره‌ای یخ‌زده بالا بروند.

Perrault somehow climbed the wall; a miracle kept him alive.

پرو به نحوی از دیوار بالا رفت؛ معجزه‌ای او را زنده نگه داشت.

François stayed below, praying for the same kind of luck.

فرانسوا پایین ماند و برای همان نوع شانس دعا کرد.

They tied every strap, lashing, and trace into one long rope.

آنها هر بند، طناب و ردپا را به یک طناب بلند گره زدند.

The men hauled each dog up, one at a time to the top.

مردها هر سگ را یکی یکی به بالا کشیدند.

François climbed last, after the sled and the entire load.

فرانسوا آخرین نفر، بعد از سورتمه و کل بار، بالا رفت.

Then began a long search for a path down from the cliffs.

سپس جستجوی طولانی برای یافتن مسیری به پایین از صخره‌ها آغاز شد.

They finally descended using the same rope they had made.

آنها سرانجام با استفاده از همان طنابی که ساخته بودند، فرود آمدند.

Night fell as they returned to the riverbed, exhausted and sore.

شب فرا رسید و آنها خسته و کوفته به بستر رودخانه بازگشتند.

They had taken a full day to cover only a quarter of a mile.

آنها یک روز کامل را صرف پیمودن تنها یک چهارم مایل کرده بودند.

By the time they reached the Hootalinqua, Buck was worn out.

زمانی که به هوتالینکوا رسیدند، باک دیگر از پا افتاده بود.

The other dogs suffered just as badly from the trail conditions.

سگ‌های دیگر هم به همان اندازه از شرایط مسیر رنج می‌بردند.

But Perrault needed to recover time, and pushed them on each day.

اما پرو نیاز به بازیابی زمان داشت و هر روز آنها را به جلو هل می‌داد.

The first day they traveled thirty miles to Big Salmon.

روز اول آنها سی مایل تا بیگ سالمون سفر کردند.

The next day they travelled thirty-five miles to Little Salmon.

روز بعد آنها سی و پنج مایل تا لیتل سالمون سفر کردند.

On the third day they pushed through forty long frozen miles.

در روز سوم، آنها چهل مایل یخزده را طی کردند.

By then, they were nearing the settlement of Five Fingers.

در آن زمان، آنها به آبادی فایو فینگرز نزدیک شده بودند.

Buck's feet were softer than the hard feet of native huskies.

پاهای باک نرم‌تر از پاهای سفت هاسکی‌های بومی بود.

His paws had grown tender over many civilized generations.

پنجه‌هایش در طول نسل‌های متمدن بسیاری، نرم و لطیف شده بودند.

Long ago, his ancestors had been tamed by river men or hunters.

مدت‌ها پیش، اجداد او توسط مردان رودخانه یا شکارچیان رام شده بودند.

Every day Buck limped in pain, walking on raw, aching paws.

باک هر روز از درد می‌لنگید و روی پنجه‌های زخمی و دردناک راه می‌رفت.

At camp, Buck dropped like a lifeless form upon the snow.

در اردوگاه، باک مانند جسمی بی‌جان روی برف افتاد.

Though starving, Buck did not rise to eat his evening meal.

باک با اینکه خیلی گرسنه بود، برای خوردن شامش بلند نشد.

François brought Buck his ration, laying fish by his muzzle.

فرانسوا جیره غذایی باک را برایش آورد و ماهی‌ها را از پوزه‌اش بیرون گذاشت.

Each night the driver rubbed Buck's feet for half an hour.

هر شب راننده نیم ساعت پاهای باک را ماساژ می‌داد.

François even cut up his own moccasins to make dog footwear.

فرانسوا حتی کفش‌های پاشنه‌بلند خودش را هم می‌برید تا برایش پاپوش سگ درست کند.

Four warm shoes gave Buck a great and welcome relief.

چهار کفش گرم به باک آرامشی فراوان و خوشایند بخشید.

One morning, François forgot the shoes, and Buck refused to rise.

یک روز صبح، فرانسوا کفش‌ها را فراموش کرد و باک از خواب بیدار نشد.

Buck lay on his back, feet in the air, waving them pitifully.

باک به پشت دراز کشیده بود، پاهایش را در هوا گرفته بود و با ترحم آنها را تکان می‌داد.

Even Perrault grinned at the sight of Buck's dramatic plea.

حتی پرو هم با دیدن التماس دراماتیک باک پوزخندی زد.

Soon Buck's feet grew hard, and the shoes could be discarded.

خیلی زود پاهای باک سفت شدند و کفش‌ها را می‌شد دور انداخت.

At Pelly, during harness time, Dolly let out a dreadful howl.

در پلی، در زمان مهار اسب، دالی زوزه وحشتناکی کشید.

The cry was long and filled with madness, shaking every dog.

فریاد طولانی و پر از جنون بود و هر سگی را به لرزه می‌انداخت.

Each dog bristled in fear without knowing the reason.

هر سگی از ترس مو به تن می‌پیچید، بی‌آنکه دلیلش را بداند.

Dolly had gone mad and hurled herself straight at Buck.

دالی دیوانه شده بود و خودش را مستقیماً به سمت باک پرتاب کرد.

Buck had never seen madness, but horror filled his heart.

باک هرگز دیوانگی ندیده بود، اما وحشت قلبش را پر کرده بود.

With no thought, he turned and fled in absolute panic.

بدون هیچ فکری، برگشت و با وحشت مطلق فرار کرد.

Dolly chased him, her eyes wild, saliva flying from her jaws.

دالی با چشمانی وحشی و بزاق دهانی که از دهانش جاری بود، او را تعقیب کرد.

She kept right behind Buck, never gaining and never falling back.

او درست پشت سر باک حرکت می‌کرد، نه جلو می‌رفت و نه عقب می‌نشست.

Buck ran through woods, down the island, across jagged ice.

باک از میان جنگل‌ها، پایین جزیره، و روی یخ‌های ناهموار دوید.

He crossed to an island, then another, circling back to the river.

او از یک جزیره عبور کرد، سپس به جزیره دیگری رفت و دوباره به سمت رودخانه برگشت.

Still Dolly chased him, her growl close behind at every step.

دالی همچنان او را تعقیب می‌کرد و با هر قدم غرغرکنان از پشت سرش می‌آمد.

Buck could hear her breath and rage, though he dared not look back.

باک می‌توانست صدای نفس‌ها و خشم او را بشنود، هرچند جرأت نداشت به عقب نگاه کند.

François shouted from afar, and Buck turned toward the voice.

فرانسوا از دور فریاد زد و باک به سمت صدا برگشت.

Still gasping for air, Buck ran past, placing all hope in François.

باک که هنوز نفس نفس می‌زد، از کنارش گذشت و تمام امیدش را به فرانسوا بست.

The dog-driver raised an axe and waited as Buck flew past.

سگ‌بان تبری بلند کرد و منتظر ماند تا باک از آنجا عبور کند.

The axe came down fast and struck Dolly's head with deadly force.

تبر به سرعت پایین آمد و با نیرویی مرگبار به سر دالی برخورد کرد.

Buck collapsed near the sled, wheezing and unable to move.

باک در نزدیکی سورتمه از حال رفت، خس خس می‌کرد و قادر به حرکت نبود.

That moment gave Spitz his chance to strike an exhausted foe.

آن لحظه به اسپیتز فرصتی داد تا به دشمن خسته‌اش ضربه بزند.

Twice he bit Buck, ripping flesh down to the white bone.

دو بار باک را گاز گرفت و گوشت را تا استخوان سفیدش پاره پاره کرد.

François's whip cracked, striking Spitz with full, furious force.

شلاق فرانسوا با صدای ترق تروق، با تمام قدرت و شدت به اسپیتز ضربه زد.

Buck watched with joy as Spitz received his harshest beating yet.

باک با شادی تماشا می‌کرد که اسپیتز سخت‌ترین کتک عمرش را خورد.

"He's a devil, that Spitz," Perrault muttered darkly to himself.

پرو با لحنی تیره با خودش زمزمه کرد» :اون اسپیتز یه شیطانه.«

"Someday soon, that cursed dog will kill Buck—I swear it."

به زودی، آن سگ نفرین‌شده باک را خواهد کشت - قسم می‌خورم».«

"That Buck has two devils in him," François replied with a nod.

فرانسوا با تکان دادن سر پاسخ داد» :آن باک دو شیطان در درونش دارد.«

"When I watch Buck, I know something fierce waits in him."

وقتی باک را تماشا می‌کنم، می‌دانم که چیزی درنده در او منتظر است».«

"One day, he'll get mad as fire and tear Spitz to pieces."

یه روزی، مثل آتیش عصبانی میشه و اسپیتز رو تیکه تیکه می‌کنه».«

"He'll chew that dog up and spit him on the frozen snow."

اون سگ رو گاز میگیره و روی برف یخ زده تفش می‌کنه».«

"Sure as anything, I know this deep in my bones."

مطمئناً، من این را از اعماق وجودم می‌دانم».«

From that moment forward, the two dogs were locked in war.

از آن لحظه به بعد، دو سگ درگیر جنگ شدند.

Spitz led the team and held power, but Buck challenged that.

اسپیتز تیم را رهبری می‌کرد و قدرت را در دست داشت، اما باک این را به چالش می‌کشید.

Spitz saw his rank threatened by this odd Southland stranger.

اسپیتز جایگاه خود را در معرض خطر این غریبه‌ی عجیب و غریب اهل جنوب می‌دید.

Buck was unlike any southern dog Spitz had known before.

باک با هیچ یک از سگ‌های جنوبی که اسپیتز قبلاً می‌شناخت، فرق داشت.

Most of them failed—too weak to live through cold and hunger.

بیشتر آنها شکست خوردند—آنقدر ضعیف بودند که نمی‌توانستند در سرما و گرسنگی دوام بیاورند.

They died fast under labor, frost, and the slow burn of famine.

آنها به سرعت زیر کار طاقت‌فرسا، یخبندان و قحطیِ تدریجی جان باختند.

Buck stood apart—stronger, smarter, and more savage each day.

باک متمایز بود—هر روز قوی‌تر، باهوش‌تر و وحشی‌تر.

He thrived on hardship, growing to match the northern huskies.

او با سختی‌ها رشد کرد و به اندازه هاسکی‌های شمالی بزرگ شد.

Buck had strength, wild skill, and a patient, deadly instinct.

باک قدرت، مهارت وحشی و غریزه‌ای صبور و مرگبار داشت.

The man with the club had beaten rashness out of Buck.

مردی که چماق به دست داشت، عجول بودن را از باک بیرون کرده بود.

Blind fury was gone, replaced by quiet cunning and control.

خشم کورکورانه از بین رفته بود و جای خود را به حیله‌گری و کنترل آرام داده بود.

He waited, calm and primal, watching for the right moment.

او منتظر ماند، آرام و با صلابت، منتظر لحظه مناسب.

Their fight for command became unavoidable and clear.

مبارزه آنها برای فرماندهی اجتناب‌ناپذیر و آشکار شد.

Buck desired leadership because his spirit demanded it.

باک رهبری را آرزو داشت زیرا روحیه‌اش آن را ایجاب می‌کرد.

He was driven by the strange pride born of trail and harness.

غرور عجیبی که از مسیر و مهار اسب سرچشمه می‌گرفت، او را به حرکت در می‌آورد.

That pride made dogs pull till they collapsed on the snow.

آن غرور باعث می‌شد سگ‌ها آنقدر برف را بکشند تا روی برف بیفتند.

Pride lured them into giving all the strength they had.

غرور آنها را فریب داد تا تمام قدرتی را که داشتند، به کار گیرند.

Pride can lure a sled-dog even to the point of death.

غرور می‌تواند یک سگ سورتمه را حتی تا سرحد مرگ فریب دهد.

Losing the harness left dogs broken and without purpose.

از دست دادن افسار، سگ‌ها را شکسته و بی‌هدف رها می‌کرد.

The heart of a sled-dog can be crushed by shame when they retire.

قلب یک سگ سورتمه‌سوار می‌تواند وقتی بازنشسته می‌شود از شرم خرد شود.

Dave lived by that pride as he dragged the sled from behind.

دیو با غروری که داشت سورتمه را از پشت می‌کشید، زندگی می‌کرد.

Solleks, too, gave his all with grim strength and loyalty.

سولکس نیز با قدرت و وفاداریِ وصف‌ناپذیر، تمام توان خود را به کار گرفت.

Each morning, pride turned them from bitter to determined.

هر روز صبح، غرور، آنها را از تلخکامی به عزم و اراده تبدیل می‌کرد.

They pushed all day, then dropped silent at the camp's end.

آنها تمام روز را به سختی تلاش کردند، سپس در انتهای اردوگاه سکوت کردند.

That pride gave Spitz the strength to beat shirkers into line.

آن غرور به اسپیتز قدرت می‌داد تا کسانی را که از زیر کار شانه خالی می‌کردند، شکست دهد و به صف برساند.

Spitz feared Buck because Buck carried that same deep pride.

اسپیتز از باک می‌ترسید، چون باک هم همان غرور عمیق را داشت.

Buck's pride now stirred against Spitz, and he did not stop.

غرور باک حالا علیه اسپیتز به جوش آمده بود و او دست بردار نبود.

Buck defied Spitz's power and blocked him from punishing dogs.

باک قدرت اسپیتز را به چالش کشید و مانع از تنبیه سگ‌ها توسط او شد.

When others failed, Buck stepped between them and their leader.

وقتی دیگران شکست خوردند، باک بین آنها و رهبرشان قرار گرفت.

He did this with intent, making his challenge open and clear.

او این کار را با قصد و نیت انجام داد و چالش خود را آشکار و واضح ساخت.

On one night heavy snow blanketed the world in deep silence.

یک شب برف سنگینی دنیا را در سکوتی عمیق فرو برد.

The next morning, Pike, lazy as ever, did not rise for work.

صبح روز بعد، پایک، تنبل‌تر از همیشه، برای کار از خواب بیدار نشد.

He stayed hidden in his nest beneath a thick layer of snow.

او در لانه‌اش زیر لایه‌ای ضخیم از برف پنهان ماند.

François called out and searched, but could not find the dog.

فرانسوا فریاد زد و جستجو کرد، اما سگ را پیدا نکرد.

Spitz grew furious and stormed through the snow-covered camp.

اسپیتز خشمگین شد و به اردوگاه پوشیده از برف یورش برد.

He growled and sniffed, digging madly with blazing eyes.

او غرید و بو کشید و با چشمانی شعله‌ور، دیوانه‌وار زمین را کاوید.

His rage was so fierce that Pike shook under the snow in fear.

خشم او چنان شدید بود که پایک از ترس زیر برف می‌لرزید.

When Pike was finally found, Spitz lunged to punish the hiding dog.

وقتی بالاخره پایک پیدا شد، اسپیتز برای تنبیه سگ پنهان شده به سمتش خیز برداشت.

But Buck sprang between them with a fury equal to Spitz's own.

اما باک با خشمی برابر با خشم اسپیتز به میان آنها پرید.

The attack was so sudden and clever that Spitz fell off his feet.

این حمله آنقدر ناگهانی و هوشمندانه بود که اسپیتز از پا افتاد.

Pike, who had been shaking, took courage from this defiance.

پایک که می‌لرزید، از این سرپیچی شجاعت گرفت.

He leapt on the fallen Spitz, following Buck's bold example.

او با پیروی از الگوی جسورانه‌ی باک، روی اسپیتز افتاده پرید.

Buck, no longer bound by fairness, joined the strike on Spitz.

باک، که دیگر پایبند انصاف نبود، به حمله به اسپیتز پیوست.

François, amused yet firm in discipline, swung his heavy lash.

فرانسوا، سرگرم و در عین حال قاطع در انضباط، شلاق سنگینش را چرخاند.

He struck Buck with all his strength to break up the fight.

او با تمام قدرت به باک ضربه زد تا دعوا را تمام کند.

Buck refused to move and stayed atop the fallen leader.

باک از حرکت خودداری کرد و بالای سر رهبر افتاده ماند.

François then used the whip's handle, hitting Buck hard.

سپس فرانسوا از دسته شلاق استفاده کرد و ضربه محکمی به باک زد.

Staggering from the blow, Buck fell back under the assault.

باک که از شدت ضربه تلوتلو می‌خورد، زیر ضربه به عقب افتاد.

François struck again and again while Spitz punished Pike.

فرانسوا بارها و بارها ضربه زد در حالی که اسپیتز پایک را تنبیه می‌کرد.

Days passed, and Dawson City grew nearer and nearer.

روزها می‌گذشت و شهر داوسون هر لحظه نزدیک‌تر می‌شد.

Buck kept interfering, slipping between Spitz and other dogs.

باک مدام دخالت می‌کرد و بین اسپیتز و سگ‌های دیگر جابه‌جا می‌شد.

He chose his moments well, always waiting for François to leave.

او لحظاتش را خوب انتخاب می‌کرد، همیشه منتظر رفتن فرانسوا بود.

Buck's quiet rebellion spread, and disorder took root in the team.

شورش آرام باک گسترش یافت و بی‌نظمی در تیم ریشه دواند.

Dave and Solleks stayed loyal, but others grew unruly.

دیو و سولکس وفادار ماندند، اما دیگران سرکش شدند.

The team grew worse—restless, quarrelsome, and out of line.

اوضاع تیم بدتر شد——بی‌قرار، ستیزه‌جو و خارج از نظم.

Nothing worked smoothly anymore, and fights became common.

دیگر هیچ چیز روان پیش نمی‌رفت و دعوا رایج شده بود.

Buck stayed at the heart of the trouble, always provoking unrest.

باک در قلب مشکلات باقی ماند و همیشه باعث ناآرامی می‌شد.

François stayed alert, afraid of the fight between Buck and Spitz.

فرانسوا از ترس دعوای بین باک و اسپیتز، هوشیار ماند.

Each night, scuffles woke him, fearing the beginning finally arrived.

هر شب، درگیری‌ها او را از خواب بیدار می‌کردند، از ترس اینکه بالاخره شروع ماجرا فرا رسیده باشد.

He leapt from his robe, ready to break up the fight.

او از جامه‌اش بیرون پرید، آماده بود تا دعوا را تمام کند.

But the moment never came, and they reached Dawson at last.

اما آن لحظه هرگز فرا نرسید و آن‌ها بالاخره به داوسون رسیدند.

The team entered the town one bleak afternoon, tense and quiet.

تیم در یک بعدازظهر دلگیر، پرتنش و ساکت وارد شهر شد.

The great battle for leadership still hung in the frozen air.

نبرد بزرگ برای رهبری هنوز در هوای یخزده معلق بود.

Dawson was full of men and sled-dogs, all busy with work.

داوسون پر از مرد و سگ سورتمه بود که همگی مشغول کار خود بودند.

Buck watched the dogs pull loads from morning until night.

باک از صبح تا شب سگ‌ها را در حال بارکشی تماشا می‌کرد.

They hauled logs and firewood, freighted supplies to the mines.

آنها کنده‌های درخت و هیزم را حمل می‌کردند و آذوقه را به معادن می‌بردند.

Where horses once worked in the Southland, dogs now labored.

جایی که زمانی در سرزمین جنوبی اسب‌ها کار می‌کردند، اکنون سگ‌ها کار می‌کردند.

Buck saw some dogs from the South, but most were wolf-like huskies.

باک چند سگ از جنوب دید، اما بیشترشان هاسکی‌های گرگ‌مانند بودند.

At night, like clockwork, the dogs raised their voices in song.

شب‌ها، مثل ساعت، سگ‌ها صدایشان را با آواز بلند می‌کردند.

At nine, at midnight, and again at three, the singing began.

ساعت نه، نیمه شب و دوباره ساعت سه، آواز خواندن شروع شد.

Buck loved joining their eerie chant, wild and ancient in sound.

باک عاشق پیوستن به سرود و هم‌آور آنها بود، سرودی وحشی و باستانی.

The aurora flamed, stars danced, and snow blanketed the land.

شفق قطبی شعله‌ور شد، ستارگان رقصیدند و برف زمین را پوشاند.

The dogs' song rose as a cry against silence and bitter cold.

آواز سگ‌ها همچون فریادی علیه سکوت و سرمای گزنده برخاست.

But their howl held sorrow, not defiance, in every long note.

اما زوزه‌هایشان در هر نُتِ بلندشان، نه مبارزه‌طلبی، بلکه اندوه را در خود داشت.

Each wailing cry was full of pleading; the burden of life itself.

هر ناله و زاری سرشار از التماس بود؛ بار سنگین زندگی.

That song was old—older than towns, and older than fires

آن آهنگ قدیمی بود—قدیمی‌تر از شهرها، و قدیمی‌تر از آتش‌ها

That song was more ancient even than the voices of men.

آن آهنگ حتی از صدای انسان‌ها هم قدیمی‌تر بود.

It was a song from the young world, when all songs were sad.

این آهنگی از دنیای جوانی بود، زمانی که همه آهنگ‌ها غمگین بودند.

The song carried sorrow from countless generations of dogs.

این آهنگ غم و اندوه نسل‌های بی‌شماری از سگ‌ها را به همراه داشت.

Buck felt the melody deeply, moaning from pain rooted in the ages.

باک ملودی را عمیقاً حس می‌کرد، از دردی که ریشه در اعصار داشت، ناله می‌کرد.

He sobbed from a grief as old as the wild blood in his veins.

او از غمی به قدمت خون وحشی در رگ‌هایش، هق هق می‌کرد.

The cold, the dark, and the mystery touched Buck's soul.

سرما، تاریکی و رمز و راز، روح باک را لمس کرد.

That song proved how far Buck had returned to his origins.

آن آهنگ ثابت کرد که باک چقدر به ریشه‌هایش بازگشته است.

Through snow and howling he had found the start of his own life.

از میان برف و زوزه، او آغاز زندگی خود را یافته بود.

Seven days after arriving in Dawson, they set off once again.

هفت روز پس از ورود به داوسون، آنها دوباره به راه افتادند.

The team dropped from the Barracks down to the Yukon Trail.

تیم از پادگان به مسیر یوکان پیاده شد.

They began the journey back toward Dyea and Salt Water.

آنها سفر بازگشت به سوی دیه‌آ و سالت واتر را آغاز کردند.

Perrault carried dispatches even more urgent than before.

پرو، نامه‌هایی را ارسال می‌کرد که حتی از قبل هم فوری‌تر بودند.

He was also seized by trail pride and aimed to set a record.

او همچنین دچار غرور مسیر شد و قصد داشت رکوردی ثبت کند.

This time, several advantages were on Perrault's side.

این بار، چندین مزیت در سمت پرو وجود داشت.

The dogs had rested for a full week and regained their strength.

سگ‌ها یک هفته کامل استراحت کرده بودند و قوای خود را بازیافته بودند.

The trail they had broken was now hard-packed by others.

مسیری که آنها پیموده بودند، اکنون توسط مسیرهای دیگر پر شده بود.

In places, police had stored food for dogs and men alike.

در بعضی جاها، پلیس برای سگ‌ها و مردان غذا ذخیره کرده بود.

Perrault traveled light, moving fast with little to weigh him down.

پرو سبک سفر می‌کرد، سریع حرکت می‌کرد و وزن کمی داشت که او را زمین‌گیر کند.

They reached Sixty-Mile, a fifty-mile run, by the first night.

آنها تا شب اول به شصت مایل، یک مسیر هشتاد کیلومتری، رسیدند.

On the second day, they rushed up the Yukon toward Pelly.

روز دوم، آنها با عجله از یوکان به سمت پلی بالا رفتند.

But such fine progress came with much strain for François.

اما چنین پیشرفت خوبی برای فرانسوا با سختی‌های زیادی همراه بود.

Buck's quiet rebellion had shattered the team's discipline.

شورش آرام باک، نظم و انضباط تیم را به هم ریخته بود.

They no longer pulled together like one beast in the reins.

آنها دیگر مثل یک حیوان وحشی افسار را به دست نداشتند.

Buck had led others into defiance through his bold example.

باک با نمونه‌ی جسورانه‌ی خود، دیگران را به سرکشی و مخالفت سوق داده بود.

Spitz's command was no longer met with fear or respect.

فرمان اسپیتز دیگر با ترس یا احترام روبرو نشد.

The others lost their awe of him and dared to resist his rule.

دیگران هیبت او را از دست دادند و جرأت کردند در برابر حکومتش مقاومت کنند.

One night, Pike stole half a fish and ate it under Buck's eye.

یک شب، پایک نصف یک ماهی را دزدید و جلوی چشم باک آن را خورد.

Another night, Dub and Joe fought Spitz and went unpunished.

شب دیگری، داب و جو با اسپیتز دعوا کردند و بدون مجازات ماندند.

Even Billee whined less sweetly and showed new sharpness.

حتی بیلی هم دیگر با ناز و عشوه ناله نمی‌کرد و تیزبینی جدیدی از خود نشان می‌داد.

Buck snarled at Spitz every time they crossed paths.

هر بار که با اسپیتز روبرو می‌شدند، باک با غرغر به او نگاه می‌کرد.

Buck's attitude grew bold and threatening, nearly like a bully.

رفتار باک جسورانه و تهدیدآمیز شد، تقریباً مثل یک قلدر.

He paced before Spitz with a swagger, full of mocking menace.

او با غروری آمیخته با تمسخر و تهدید، پیشاپیش اسپیتز قدم می‌زد.

That collapse of order also spread among the sled-dogs.

آن فروپاشی نظم در میان سگ‌های سورتمه‌سوار نیز گسترش یافت.

They fought and argued more than ever, filling camp with noise.

آنها بیشتر از همیشه دعوا و بحث می‌کردند و اردوگاه را پر از سر و صدا کرده بودند.

Camp life turned into a wild, howling chaos each night.

زندگی در اردوگاه هر شب به هرج و مرجی وحشیانه و پرسروصدا تبدیل می‌شد.

Only Dave and Solleks remained steady and focused.

فقط دیو و سولکس ثابت قدم و متمرکز ماندند.

But even they became short-tempered from the constant brawls.

اما حتی آنها هم از دعواهای مداوم، زودرنج شدند.

François cursed in strange tongues and stomped in frustration.

فرانسوا با زبان‌های ناآشنا فحش می‌داد و از روی ناامیدی پا به زمین می‌کوبید.

He tore at his hair and shouted while snow flew underfoot.

موهایش را کند و در حالی که برف زیر پایش جاری بود، فریاد زد.

His whip snapped across the pack but barely kept them in line.

شلاقش با سرعت از میان گله عبور کرد اما به سختی آنها را در یک خط نگه داشت.

Whenever his back was turned, the fighting broke out again.

هر وقت پشتش را می‌کرد، دوباره جنگ شروع می‌شد.

François used the lash for Spitz, while Buck led the rebels.

فرانسوا از شلاق برای اسپیتز استفاده کرد، در حالی که باک رهبری شورشیان را بر عهده داشت.

Each knew the other's role, but Buck avoided any blame.

هر کدام از نقش دیگری آگاه بود، اما باک از هرگونه سرزنشی طفره می‌رفت.

François never caught Buck starting a fight or shirking his job.

فرانسوا هیچوقت باک را در حال شروع دعوا یا طفره رفتن از کارش ندید.

Buck worked hard in harness—the toil now thrilled his spirit.

باک سخت کار می‌کرد ـ کار طاقت‌فرسا حالا روحش را به وجد می‌آورد.

But he found even more joy in stirring fights and chaos in camp.

اما او از ایجاد دعوا و هرج و مرج در اردوگاه لذت بیشتری می‌برد.

At the Tahkeena's mouth one evening, Dub startled a rabbit.

یک شب، داب در دهان تهکینا، خرگوشی را از جا پراند.

He missed the catch, and the snowshoe rabbit sprang away.

او صید را از دست داد و خرگوش کفش برفی از آنجا پرید.

In seconds, the entire sled team gave chase with wild cries.

در عرض چند ثانیه، تمام تیم سورتمه‌سوار با فریادهای وحشیانه به دنبالش دویدند.

Nearby, a Northwest Police camp housed fifty husky dogs.

در همان نزدیکی، یک اردوگاه پلیس شمال غربی پنجاه سگ هاسکی را در خود جای داده بود.

They joined the hunt, surging down the frozen river together.

آنها به شکار پیوستند و با هم از رودخانه یخ زده پایین رفتند.

The rabbit turned off the river, fleeing up a frozen creek bed.

خرگوش از رودخانه منحرف شد و از بستر یخ‌زده‌ی نهر بالا رفت.

The rabbit skipped lightly over snow while the dogs struggled through.

خرگوش به آرامی روی برف می‌پرید در حالی که سگ‌ها تقلا می‌کردند تا از میان برف‌ها عبور کنند.

Buck led the massive pack of sixty dogs around each twisting bend.

باک، دسته‌ی عظیم شصت سگ را در هر پیچِ پیچ هدایت می‌کرد.

He pushed forward, low and eager, but could not gain ground.

او با اشتیاق و قدم‌های آهسته به جلو حرکت کرد، اما نتوانست چیزی به دست آورد.

His body flashed under the pale moon with each powerful leap.

بدنش با هر جهش قدرتمند، زیر نور ماه رنگ‌پریده برق می‌زد.

Ahead, the rabbit moved like a ghost, silent and too fast to catch.

جلوتر، خرگوش مثل یک روح حرکت می‌کرد، بی‌صدا و خیلی سریع که نمی‌توانستند بگیرندش.

All those old instincts—the hunger, the thrill—rushed through Buck.

تمام آن غرایز قدیمی - گرسنگی، هیجان - به باک هجوم آوردند.

Humans feel this instinct at times, driven to hunt with gun and bullet.

انسان‌ها گاهی اوقات این غریزه را احساس می‌کنند و به شکار با تفنگ و گلوله سوق داده می‌شوند.

But Buck felt this feeling on a deeper and more personal level.

اما باک این احساس را در سطحی عمیق‌تر و شخصی‌تر احساس می‌کرد.

They could not feel the wild in their blood the way Buck could feel it.

آنها نمی‌توانستند آن وحشیگری را که باک در خونشان حس می‌کرد، حس کنند.

He chased living meat, ready to kill with his teeth and taste blood.

او گوشت زنده را تعقیب می‌کرد، آماده بود تا با دندان‌هایش بکشد و خون را بچشد.

His body strained with joy, wanting to bathe in warm red life.

بدنش از شادی منقبض می‌شد، دلش می‌خواست در گرمای سرخ زندگی غوطه‌ور شود۔

A strange joy marks the highest point life can ever reach.

شادی عجیبی، بالاترین نقطه‌ای را که زندگی می‌تواند به آن برسد، نشان می‌دهد۔

The feeling of a peak where the living forget they are even alive.

حس اوجی که در آن زنده‌ها حتی فراموش می‌کنند که زنده هستند۔

This deep joy touches the artist lost in blazing inspiration.

این شادی عمیق، هنرمندی را که غرق در الهامات سوزان است، لمس می‌کند۔

This joy seizes the soldier who fights wildly and spares no foe.

این شادی، سربازی را که وحشیانه می‌جنگد و از هیچ دشمنی در نمی‌گذرد، فرا می‌گیرد۔

This joy now claimed Buck as he led the pack in primal hunger.

این شادی اکنون باک را فرا گرفته بود، چرا که او در گرسنگی اولیه، گله را رهبری می‌کرد۔

He howled with the ancient wolf-cry, thrilled by the living chase.

او با ناله‌ی باستانی گرگ زوزه می‌کشید، از تعقیب و گریز زنده هیجان‌زده شده بود۔

Buck tapped into the oldest part of himself, lost in the wild.

باک به قدیمی‌ترین بخش وجودش که در طبیعت وحشی گم شده بود، دست زد۔

He reached deep within, past memory, into raw, ancient time.

او به اعماق درون، به خاطرات گذشته، به زمان بکر و باستانی دست یافت۔

A wave of pure life surged through every muscle and tendon.

موجی از زندگی ناب در تک تک عضلات و تاندون‌هایش موج می‌زد۔

Each leap shouted that he lived, that he moved through death.

هر جهش فریاد می‌زد که او زنده است، که از میان مرگ عبور کرده است.

His body soared joyfully over still, cold land that never stirred.

پیکرش شادمانه بر فراز سرزمینی آرام و سرد که هرگز تکان نمی‌خورد، اوج گرفت.

Spitz stayed cold and cunning, even in his wildest moments.

اسپیتز حتی در وحشی‌ترین لحظات زندگی‌اش هم خونسرد و حیله‌گر باقی ماند.

He left the trail and crossed land where the creek curved wide.

او مسیر را ترک کرد و از خشکی عبور کرد، جایی که نهر پیچ و تاب می‌خورد.

Buck, unaware of this, stayed on the rabbit's winding path.

باک، بی‌خبر از این موضوع، در مسیر پر پیچ و خم خرگوش ماند.

Then, as Buck rounded a bend, the ghost-like rabbit was before him.

سپس، همین که باک از یک پیچ گذشت، خرگوش روح‌مانند در مقابلش بود.

He saw a second figure leap from the bank ahead of the prey.

او دید که شخص دومی جلوتر از طعمه از بانک بیرون پرید.

The figure was Spitz, landing right in the path of the fleeing rabbit.

آن موجود، اسپیتز بود که درست سر راه خرگوش در حال فرار فرود آمده بود.

The rabbit could not turn and met Spitz's jaws in mid-air.

خرگوش نمی‌توانست بچرخد و در هوا به آرواره‌های اسپیتز برخورد کرد.

The rabbit's spine broke with a shriek as sharp as a dying human's cry.

ستون فقرات خرگوش با جیغی به تیزی ناله‌ی یک انسان در حال مرگ شکست.

At that sound—the fall from life to death—the pack howled loud.

با آن صدا ـ سقوط از زندگی به مرگ ـ گله با صدای بلند زوزه کشید.

A savage chorus rose from behind Buck, full of dark delight.

صدای کر وحشیانه‌ای از پشت سر باک برخاست، سرشار از لذتی تاریک.

Buck gave no cry, no sound, and charged straight into Spitz.

باک نه فریادی زد، نه صدایی، و مستقیماً به سمت اسپیتز حمله کرد.

He aimed for the throat, but struck the shoulder instead.

او گلو را هدف قرار داد، اما به جای آن به شانه برخورد کرد.

They tumbled through soft snow; their bodies locked in combat.

آنها در میان برف نرم غلتیدند؛ بدن‌هایشان در نبرد قفل شده بود.

Spitz sprang up quickly, as if never knocked down at all.

اسپیتز طوری سریع از جا پرید که انگار اصلاً زمین نخورده بود.

He slashed Buck's shoulder, then leaped clear of the fight.

او شانه‌ی باک را زخمی کرد، سپس از معرکه گریخت.

Twice his teeth snapped like steel traps, lips curled and fierce.

دو بار دندان‌هایش مثل تله‌های فولادی به هم خوردند، لب‌هایش جمع شده و خشمگین بودند.

He backed away slowly, seeking firm ground under his feet.

او به آرامی عقب رفت و به دنبال زمین سفتی زیر پاهایش گشت.

Buck understood the moment instantly and fully.

باک آن لحظه را فوراً و به طور کامل درک کرد.

The time had come; the fight was going to be a fight to the death.

زمانش رسیده بود؛ مبارزه، مبارزه‌ای تا سر حد مرگ بود.

The two dogs circled, growling, ears flat, eyes narrowed.

دو سگ دور هم چرخیدند، غرغر می‌کردند، گوش‌هایشان صاف و چشمانشان تنگ شده بود.

Each dog waited for the other to show weakness or misstep.

هر سگ منتظر بود تا دیگری ضعف یا خطایی از خود نشان دهد.

To Buck, the scene felt eerily known and deeply remembered.

برای باک، این صحنه به طرز عجیبی آشنا و عمیقاً به یاد ماندنی بود.

The white woods, the cold earth, the battle under moonlight.

جنگل‌های سفید، زمین سرد، نبرد زیر نور ماه.

A heavy silence filled the land, deep and unnatural.

سکوت سنگینی، عمیق و غیرطبیعی، سرزمین را فرا گرفته بود.

No wind stirred, no leaf moved, no sound broke the stillness.

نه بادی می‌وزید، نه برگی تکان می‌خورد و نه صدایی سکوت را می‌شکست.

The dogs' breaths rose like smoke in the frozen, quiet air.

نفس سگ‌ها مثل دود در هوای یخزده و ساکت بالا می‌رفت.

The rabbit was long forgotten by the pack of wild beasts.

مدت‌ها بود که گله حیوانات وحشی، خرگوش را فراموش کرده بود.

These half-tamed wolves now stood still in a wide circle.

این گرگ‌های نیمه‌رام‌شده حالا در دایره‌ای وسیع بی‌حرکت ایستاده بودند.

They were quiet, only their glowing eyes revealed their hunger.

آنها ساکت بودند، فقط چشمان درخشانشان گرسنگی‌شان را آشکار می‌کرد.

Their breath drifted upward, watching the final fight begin.

نفسشان به شماره افتاد و شروع نبرد نهایی را تماشا کردند.

To Buck, this battle was old and expected, not strange at all.

برای باک، این نبرد قدیمی و قابل پیش‌بینی بود، اصلاً عجیب نبود.

It felt like a memory of something always meant to happen.

انگار خاطره‌ای از چیزی بود که همیشه قرار بود اتفاق بیفتد.

Spitz was a trained fighting dog, honed by countless wild brawls.

اشپیتز یک سگ جنگی آموزش‌دیده بود که با دعواهای وحشی بی‌شماری ورزیده شده بود.

From Spitzbergen to Canada, he had mastered many foes.

از اسپیتزبرگن تا کانادا، او دشمنان زیادی را شکست داده بود.

He was filled with fury, but never gave control to rage.

او پر از خشم بود، اما هرگز کنترل خشم را از دست نداد.

His passion was sharp, but always tempered by hard instinct.

شور و اشتیاق او تند و تیز بود، اما همیشه با غریزه‌ای سرسخت تعدیل می‌شد.

He never attacked until his own defense was in place.

او هرگز حمله نمی‌کرد تا زمانی که دفاع خودش را مستقر می‌کرد.

Buck tried again and again to reach Spitz's vulnerable neck.

باک بارها و بارها تلاش کرد تا به گردن آسیب‌پذیر اسپیتز برسد.

But every strike was met by a slash from Spitz's sharp teeth.

اما هر ضربه با ضربه‌ای از دندان‌های تیز اسپیتز پاسخ داده می‌شد.

Their fangs clashed, and both dogs bled from torn lips.

نیش‌هایشان به هم خورد و هر دو سگ از لب‌های پاره شده‌شان خون جاری شد.

No matter how Buck lunged, he couldn't break the defense.

مهم نبود باک چقدر حمله می‌کرد، نمی‌توانست خط دفاعی را بشکند.

He grew more furious, rushing in with wild bursts of power.

او خشمگین‌تر شد و با قدرتی وحشیانه به سمتش هجوم آورد.

Again and again, Buck struck for the white throat of Spitz.

باک بارها و بارها به گلوی سفید اشپیتز ضربه زد.

Each time Spitz evaded and struck back with a slicing bite.

هر بار اسپیتز جاخالی می‌داد و با یک گاز تکه‌تکه‌کننده جواب می‌داد.

Then Buck shifted tactics, rushing as if for the throat again.

سپس باک تاکتیک خود را تغییر داد و دوباره طوری هجوم برد که انگار به دنبال گلویش بود.

But he pulled back mid-attack, turning to strike from the side.

اما او در اواسط حمله عقب‌نشینی کرد و از کنار زمین شروع به حمله کرد.

He threw his shoulder into Spitz, aiming to knock him down.

او شانه‌اش را به سمت اسپیتز انداخت، با این هدف که او را نقش بر زمین کند.

Each time he tried, Spitz dodged and countered with a slash.

هر بار که تلاش می‌کرد، اسپیتز جاخالی می‌داد و با یک ضربه‌ی ناگهانی پاسخ می‌داد.

Buck's shoulder grew raw as Spitz leapt clear after every hit.

شانه‌ی باک درد می‌گرفت، چون اسپیتز بعد از هر ضربه، از او می‌پرید و فرار می‌کرد.

Spitz had not been touched, while Buck bled from many wounds.

اسپیتز آسیبی ندیده بود، در حالی که باک از زخم‌های زیاد خونریزی داشت.

Buck's breath came fast and heavy, his body slick with blood.

نفس باک تند و سنگین شد، بدنش از خون لغزنده بود.

The fight turned more brutal with each bite and charge.

با هر گاز گرفتن و حمله، مبارزه وحشیانه‌تر می‌شد.

Around them, sixty silent dogs waited for the first to fall.

دور و برشان، شصت سگ ساکت منتظر بودند تا اولین سگ بیفتد.

If one dog dropped, the pack were going to finish the fight.

اگر یک سگ می‌افتاد، گله قرار بود دعوا را تمام کند.

Spitz saw Buck weakening, and began to press the attack.

اسپیتز دید که باک ضعیف می‌شود و شروع به حمله کرد.

He kept Buck off balance, forcing him to fight for footing.

او باک را از تعادل خارج کرد و او را مجبور کرد برای حفظ تعادلش بجنگد.

Once Buck stumbled and fell, and all the dogs rose up.

یک بار باک لغزید و افتاد و همه سگ‌ها بلند شدند.

But Buck righted himself mid-fall, and everyone sank back down.

اما باک در اواسط پاییز خودش را صاف کرد و همه دوباره غرق شدند.

Buck had something rare—imagination born from deep instinct.

باک چیزی نادر داشت ـ تخیلی که از غریزه‌ای عمیق زاده می‌شد.

He fought by natural drive, but he also fought with cunning.

او با انگیزه طبیعی می‌جنگید، اما در عین حال با حیله‌گری نیز می‌جنگید.

He charged again as if repeating his shoulder attack trick.

او دوباره حمله کرد، انگار که داشت ترفند حمله از شانه‌اش را تکرار می‌کرد.

But at the last second, he dropped low and swept beneath Spitz.

اما در آخرین ثانیه، او پایین آمد و از زیر اسپیتز عبور کرد.

His teeth locked on Spitz's front left leg with a snap.

دندان‌هایش با صدای تق‌تقی روی پای چپ جلویی اسپیتز قفل شدند.

Spitz now stood unsteady, his weight on only three legs.

اسپیتز حالا لرزان ایستاده بود و وزنش فقط روی سه پایش بود.

Buck struck again, tried three times to bring him down.

باک دوباره ضربه زد، سه بار سعی کرد او را به زمین بیندازد.

On the fourth attempt he used the same move with success

در تلاش چهارم، او با موفقیت از همان حرکت استفاده کرد

This time Buck managed to bite the right leg of Spitz.

این بار باک موفق شد پای راست اسپیتز را گاز بگیرد.

Spitz, though crippled and in agony, kept struggling to survive.

اسپیتز، اگرچه فلج و در عذاب بود، اما همچنان برای زنده ماندن تلاش می‌کرد.

He saw the circle of huskies tighten, tongues out, eyes glowing.

او دید که حلقه سگ‌های هاسکی تنگ‌تر شد، زبان‌هایشان بیرون آمد و چشمانشان برق زد.

They waited to devour him, just as they had done to others.

آنها منتظر بودند تا او را ببلعند، همانطور که با دیگران چنین کرده بودند.

This time, he stood in the center; defeated and doomed.

این بار، او در مرکز ایستاده بود؛ شکست خورده و محکوم به فنا.

There was no option to escape for the white dog now.

حالا دیگر هیچ راه فراری برای سگ سفید وجود نداشت.

Buck showed no mercy, for mercy did not belong in the wild.

باک هیچ رحمی نشان نداد، زیرا رحم و شفقت در طبیعت وحشی جایی ندارد.

Buck moved carefully, setting up for the final charge.

باک با احتیاط حرکت کرد و برای حمله نهایی آماده شد.

The circle of huskies closed in; he felt their warm breaths.

حلقه‌ی سگ‌های هاسکی تنگ‌تر شد؛ نفس‌های گرمشان را حس کرد.

They crouched low, prepared to spring when the moment came.

آنها چمباتمه زدند، آماده بودند تا وقتی لحظه موعود فرا رسید، از جا بپرند.

Spitz quivered in the snow, snarling and shifting his stance.

اسپیتز در برف می‌لرزید، غرغر می‌کرد و حالتش را تغییر می‌داد.

His eyes glared, lips curled, teeth flashing in desperate threat.

چشمانش خیره شد، لب‌هایش جمع شد و دندان‌هایش از روی تهدیدی ناامیدانه برق زدند.

He staggered, still trying to hold off the cold bite of death.

او تلو تلو خورد، هنوز سعی می‌کرد از نیش سرد مرگ در امان بماند.
He had seen this before, but always from the winning side.
او قبلاً هم این را دیده بود، اما همیشه از زاویه دید برنده.
Now he was on the losing side; the defeated; the prey; death.
حالا او در سمت بازنده بود؛ شکست خورده؛ طعمه؛ مرگ.
Buck circled for the final blow, the ring of dogs pressed closer.
باک برای ضربه آخر دور زد، حلقه سگ‌ها نزدیکتر شد.
He could feel their hot breaths; ready for the kill.
او می‌توانست نفس‌های گرم آنها را حس کند؛ آماده برای کشتن.
A stillness fell; all was in its place; time had stopped.
سکوتی حکمفرما شد؛ همه چیز سر جایش بود؛ زمان متوقف شده بود.
Even the cold air between them froze for one last moment.
حتی هوای سرد بینشان هم برای آخرین لحظه یخ زد.
Only Spitz moved, trying to hold off his bitter end.
فقط اسپیتز حرکت کرد و سعی داشت از پایان تلخ خود جلوگیری کند.
The circle of dogs was closing in around him, as was his destiny.
حلقه‌ی سگ‌ها دورش تنگ‌تر می‌شد، سرنوشتش هم همینطور.
He was desperate now, knowing what was about to happen.
حالا دیگر کاملاً ناامید شده بود، چون می‌دانست چه اتفاقی قرار است بیفتد.
Buck sprang in, shoulder met shoulder one last time.
باک برای آخرین بار شانه به شانه‌ی هم وارد شد.
The dogs surged forward, covering Spitz in the snowy dark.
سگ‌ها به جلو هجوم آوردند و اسپیتز را در تاریکی برفی پوشش دادند.
Buck watched, standing tall; the victor in a savage world.
باک، ایستاده و ایستاده، نظاره می‌کرد؛ پیروز در دنیایی وحشی.
The dominant primordial beast had made its kill, and it was good.
جانور ازلیِ غالب، شکار خود را انجام داده بود و این خوب بود.

He, Who Has Won to Mastership
او، که به مقام استادی رسیده است

"Eh? What did I say? I speak true when I say Buck is a devil."

خب؟ چی گفتم؟ وقتی میگم باک یه شیطانه، راست میگم».«

François said this the next morning after finding Spitz missing.

فرانسوا این را صبح روز بعد، پس از پیدا کردن اسپیتزِ گم‌شده، گفت.

Buck stood there, covered with wounds from the vicious fight.

باک آنجا ایستاده بود، پوشیده از زخم‌های ناشی از نبرد وحشیانه.

François pulled Buck near the fire and pointed at the injuries.

فرانسوا باک را نزدیک آتش کشید و به جراحات اشاره کرد.

"That Spitz fought like the Devik," said Perrault, eyeing the deep gashes.

پرو در حالی که به زخم‌های عمیق نگاه می‌کرد، گفت» :آن اسپیتز مثل دویک‌ها جنگید.«

"And that Buck fought like two devils," François replied at once.

فرانسوا فوراً پاسخ داد» :و اینکه باک مثل دو شیطان با هم می‌جنگید.«

"Now we will make good time; no more Spitz, no more trouble."

حالا وقت خوبی خواهیم داشت؛ دیگر خبری از اسپیتز نیست، دیگر » دردسری نیست.«

Perrault was packing the gear and loaded the sled with care.

پرو داشت وسایل را جمع می‌کرد و سورتمه را با احتیاط بار می‌زد.

François harnessed the dogs in preparation for the day's run.

فرانسوا سگ‌ها را برای دویدن آن روز مهار کرد.

Buck trotted straight to the lead position once held by Spitz.

باک مستقیماً به سمت جایگاهی که زمانی اسپیتز در آن قرار داشت، یورتمه رفت.

But François, not noticing, led Solleks forward to the front.

اما فرانسوا، بی‌توجه به این موضوع، سولکس را به جلو هدایت کرد.

In François's judgment, Solleks was now the best lead-dog.

به نظر فرانسوا، سولکس حالا بهترین سگِ جلودار بود.

Buck sprang at Solleks in fury and drove him back in protest.

باک با خشم به سولکس حمله کرد و با اعتراض او را عقب راند.

He stood where Spitz once had stood, claiming the lead position.

او در جایی که اسپیتز زمانی ایستاده بود، ایستاد و جایگاه برتر را از آن خود کرد.

"Eh? Eh?" cried François, slapping his thighs in amusement.

فرانسوا در حالی که از روی سرگرمی به ران‌هایش می‌زد، فریاد زد :
«ها؟ ها؟»

"Look at Buck—he killed Spitz, now he wants to take the job!"

«به باک نگاه کن ـ او اسپیتز را کشت، حالا می‌خواهد شغلش را بگیرد»

"Go away, Chook!" he shouted, trying to drive Buck away.

او فریاد زد :برو گمشو، چوک «و سعی کرد باک را از خود دور کند.

But Buck refused to move and stood firm in the snow.

اما باک از حرکت خودداری کرد و محکم در برف ایستاد.

François grabbed Buck by the scruff, dragging him aside.

فرانسوا یقه‌ی باک را گرفت و او را به کناری کشید.

Buck growled low and threateningly but did not attack.

باک غرشی آهسته و تهدیدآمیز کرد اما حمله نکرد.

François put Solleks back in the lead, trying to settle the dispute

فرانسوا سولکس را دوباره به رهبری بازگرداند و سعی کرد اختلاف را حل و فصل کند.

The old dog showed fear of Buck and didn't want to stay.

سگ پیر از باک ترسید و نخواست بماند.

When François turned his back, Buck drove Solleks out again.

وقتی فرانسوا پشتش را کرد، باک دوباره سولکس را بیرون راند.

Solleks did not resist and quietly stepped aside once more.

سولکس مقاومتی نکرد و دوباره بی‌سروصدا کنار رفت.

François grew angry and shouted, "By God, I fix you!"

«فرانسوا عصبانی شد و فریاد زد» :به خدا قسم، خودم درستت می‌کنم

He came toward Buck holding a heavy club in his hand.

او در حالی که چماق سنگینی در دست داشت، به سمت باک آمد.

Buck remembered the man in the red sweater well.

باک مرد با ژاکت قرمز را خوب به یاد داشت.

He retreated slowly, watching François, but growling deeply.

او به آرامی عقب‌نشینی کرد، فرانسوا را تماشا می‌کرد، اما غرغرهای عمیقی می‌کرد.

He did not rush back, even when Solleks stood in his place.

او حتی وقتی سولکس سر جایش ایستاد، عجله‌ای برای برگشتن نکرد.

Buck circled just beyond reach, snarling in fury and protest.

باک در حالی که از خشم و اعتراض غرش می‌کرد، درست دور خودش چرخید و به او رسید.

He kept his eyes on the club, ready to dodge if François threw.

او چشم از گرز برنمی‌داشت، آماده بود تا اگر فرانسوا چوب را انداخت، جاخالی بدهد.

He had grown wise and wary in the ways of men with weapons.

او در شیوه‌های مردان مسلح، خردمند و محتاط شده بود.

François gave up and called Buck to his former place again.

فرانسوا منصرف شد و دوباره باک را به جای سابقش فراخواند.

But Buck stepped back cautiously, refusing to obey the order.

اما باک با احتیاط عقب رفت و از اطاعت دستور سر باز زد.

François followed, but Buck only retreated a few steps more.

فرانسوا دنبالش رفت، اما باک فقط چند قدم دیگر عقب‌نشینی کرد.

After some time, François threw the weapon down in frustration.

بعد از مدتی، فرانسوا با ناامیدی سلاح را به زمین انداخت.

He thought Buck feared a beating and was going to come quietly.

او فکر می‌کرد باک از کتک خوردن می‌ترسد و قرار است یواشکی بیاید.

But Buck wasn't avoiding punishment—he was fighting for rank.

اما باک از مجازات فرار نمی‌کرد—او برای کسب مقام و رتبه می‌جنگید.

He had earned the lead-dog spot through a fight to the death

او جایگاه رهبری را از طریق مبارزه تا سر حد مرگ به دست آورده بود

he was not going to settle for anything less than being the leader.

او به چیزی کمتر از رهبر بودن رضایت نمی‌داد.

Perrault took a hand in the chase to help catch the rebellious Buck.

پرو در تعقیب و گریز شرکت کرد تا به گرفتن باک سرکش کمک کند.

Together, they ran him around the camp for nearly an hour.

آنها با هم، تقریباً یک ساعت او را در اطراف اردوگاه گرداندند.

They hurled clubs at him, but Buck dodged each one skillfully.

آنها چماق‌هایی به سمت او پرتاب کردند، اما باک با مهارت از هر کدام جاخالی داد.

They cursed him, his ancestors, his descendants, and every hair on him.

آنها او، اجدادش، فرزندانش و هر مویی که بر تن داشت را نفرین کردند.

But Buck only snarled back and stayed just out of their reach.

اما باک فقط غرغرکنان جواب داد و کمی دورتر از دسترس آنها ایستاد.

He never tried to run away but circled the camp deliberately.

او هرگز سعی نکرد فرار کند، بلکه عمداً دور اردوگاه می‌چرخید.

He made it clear he was going to obey once they gave him what he wanted.

او روشن کرد که وقتی آنچه را که می‌خواهد به او بدهند، اطاعت خواهد کرد.

François finally sat down and scratched his head in frustration.

فرانسوا بالاخره نشست و با ناامیدی سرش را خاراند.

Perrault checked his watch, swore, and muttered about lost time.

پرو به ساعتش نگاه کرد، فحش داد و درباره زمان از دست رفته غرغر کرد.

An hour had already passed when they should have been on the trail.

یک ساعت از زمانی که باید در مسیر بودند، گذشته بود.

François shrugged sheepishly at the courier, who sighed in defeat.

فرانسوا با خجالت شانه‌هایش را بالا انداخت و پیک آهی از سر شکست کشید.

Then François walked to Solleks and called out to Buck once more.

سپس فرانسوا به سمت سولکس رفت و یک بار دیگر باک را صدا زد.

Buck laughed like a dog laughs, but kept his cautious distance.

باک مثل خنده‌ی سگ خندید، اما فاصله‌ی محتاطانه‌اش را حفظ کرد.

François removed Solleks's harness and returned him to his spot.

فرانسوا افسار سولکس را برداشت و او را به جایش برگرداند.

The sled team stood fully harnessed, with only one spot unfilled.

تیم سورتمه‌سواری کاملاً مجهز به تجهیزات بود و تنها یک جای خالی داشت.

The lead position remained empty, clearly meant for Buck alone.

جایگاه رهبری خالی ماند، که مشخصاً فقط برای باک در نظر گرفته شده بود.

François called again, and again Buck laughed and held his ground.

فرانسوا دوباره صدا زد و باک دوباره خندید و حرفش را پس گرفت.

"Throw down the club," Perrault ordered without hesitation.

پرو بدون هیچ تردیدی دستور داد: «چماق را زمین بگذارید.»

François obeyed, and Buck immediately trotted forward proudly.

فرانسوا اطاعت کرد و باک فوراً با غرور به جلو تاخت.

He laughed triumphantly and stepped into the lead position.

او پیروزمندانه خندید و در جایگاه رهبری قرار گرفت.

François secured his traces, and the sled was broken loose.

فرانسوا رد پایش را محکم کرد و سورتمه از جا کنده شد.

Both men ran alongside as the team raced onto the river trail.

هر دو مرد در حالی که تیم به سمت مسیر رودخانه می‌رفت، در کنار هم می‌دویدند.

François had thought highly of Buck's "two devils,"

فرانسوا از «دو شیطان» باک به نیکی یاد کرده بود،

but he soon realized he had actually underestimated the dog.

اما خیلی زود فهمید که در واقع سگ را دست کم گرفته بود.

Buck quickly assumed leadership and performed with excellence.

باک به سرعت رهبری را به دست گرفت و با تعالی عمل کرد۔

In judgment, quick thinking, and fast action, Buck surpassed Spitz.

باک در قضاوت، تفکر سریع و اقدام سریع، از اسپیتز پیشی گرفت۔

François had never seen a dog equal to what Buck now displayed.

فرانسوا هرگز سگی به آن شکلی که باک نشان می‌داد، ندیده بود۔

But Buck truly excelled in enforcing order and commanding respect.

اما باک واقعاً در اجرای نظم و جلب احترام سرآمد بود۔

Dave and Solleks accepted the change without concern or protest.

دیو و سولکس بدون نگرانی یا اعتراضی این تغییر را پذیرفتند۔

They focused only on work and pulling hard in the reins.

آنها فقط روی کار و سخت‌کوشی در مهار امور تمرکز داشتند۔

They cared little who led, so long as the sled kept moving.

تا زمانی که سورتمه به حرکت خود ادامه می‌داد، برایشان اهمیتی نداشت چه کسی رهبری می‌کند۔

Billee, the cheerful one, could have led for all they cared.

بیلی، آن دختر شاد، می‌توانست به هر قیمتی که شده رهبری کند۔

What mattered to them was peace and order in the ranks.

آنچه برایشان مهم بود، آرامش و نظم در صفوف بود۔

The rest of the team had grown unruly during Spitz's decline.

بقیه اعضای تیم در دوران افول اسپیتز، سرکش شده بودند۔

They were shocked when Buck immediately brought them to order.

وقتی باک فوراً آنها را سر میز آورد، شوکه شدند۔

Pike had always been lazy and dragging his feet behind Buck.

پایک همیشه تنبل بود و باک را به زحمت می‌انداخت۔

But now was sharply disciplined by the new leadership.

اما اکنون توسط رهبری جدید به شدت تنبیه شده بود۔

And he quickly learned to pull his weight in the team.

و او به سرعت یاد گرفت که در تیم نقش خود را به خوبی ایفا کند.

By the end of the day, Pike worked harder than ever before.

در پایان روز، پایک سخت‌تر از همیشه کار کرد.

That night in camp, Joe, the sour dog, was finally subdued.

آن شب در اردوگاه، جو، سگ ترشرو، بالاخره رام شد.

Spitz had failed to discipline him, but Buck did not fail.

اسپیتز در تنبیه او شکست خورده بود، اما باک شکست نخورد.

Using his greater weight, Buck overwhelmed Joe in seconds.

باک با استفاده از وزن بیشترش، در عرض چند ثانیه جو را مغلوب کرد.

He bit and battered Joe until he whimpered and ceased resisting.

او آنقدر جو را گاز گرفت و کتک زد تا اینکه جو ناله کرد و دیگر مقاومت نکرد.

The whole team improved from that moment on.

از آن لحظه به بعد کل تیم پیشرفت کرد.

The dogs regained their old unity and discipline.

سگ‌ها اتحاد و نظم سابق خود را بازیافتند.

At Rink Rapids, two new native huskies, Teek and Koona, joined.

در رینک رپیدز، دو سگ هاسکی بومی جدید، تیک و کونا، به آنها ملحق شدند.

Buck's swift training of them astonished even François.

آموزش سریع آنها توسط باک حتی فرانسوا را نیز شگفت زده کرد.

"Never was there such a dog as that Buck!" he cried in amazement.

«او با حیرت فریاد زد» :هیچوقت سگی مثل این باک وجود نداشته

"No, never! He's worth one thousand dollars, by God!"

«نه، هرگز به خدا قسم او هزار دلار می‌ارزد»

"Eh? What do you say, Perrault?" he asked with pride.

«با غرور پرسید» :چی؟ نظرت چیه، پرو؟

Perrault nodded in agreement and checked his notes.

پرو به نشانه‌ی موافقت سر تکان داد و یادداشت‌هایش را بررسی کرد.

We're already ahead of schedule and gaining more each day.

ما از برنامه جلوتر هستیم و هر روز بیشتر سود می‌کنیم.

The trail was hard-packed and smooth, with no fresh snow.

مسیر، سخت و هموار بود و خبری از برف تازه نبود.

The cold was steady, hovering at fifty below zero throughout.

سرما یکنواخت بود و در تمام مدت پنجاه درجه زیر صفر را نشان می‌داد.

The men rode and ran in turns to keep warm and make time.

مردها برای اینکه گرم بمانند و وقت بگیرند، به نوبت سوار اسب می‌شدند و می‌دویدند.

The dogs ran fast with few stops, always pushing forward.

سگ‌ها با سرعت می‌دویدند و چند لحظه‌ای توقف نمی‌کردند و همیشه به جلو هل می‌دادند.

The Thirty Mile River was mostly frozen and easy to travel across.

رودخانه سی مایلی عمدتاً یخ زده بود و عبور از آن آسان بود.

They went out in one day what had taken ten days coming in.

آنها کاری را که ده روز طول کشیده بود تا انجام دهند، در یک روز انجام دادند.

They made a sixty-mile dash from Lake Le Barge to White Horse.

آنها شصت مایل از دریاچه لو بارج تا وایت هورس دویدند.

Across Marsh, Tagish, and Bennett Lakes they moved incredibly fast.

آنها با سرعت باورنکردنی در سراسر دریاچه‌های مارش، تاگیش و بنت حرکت کردند.

The running man towed behind the sled on a rope.

مرد دونده سورتمه را با طناب به دنبال خود کشید.

On the last night of week two they got to their destination.

در آخرین شب هفته دوم، آنها به مقصدشان رسیدند.

They had reached the top of White Pass together.

آنها با هم به بالای گردنه سفید رسیده بودند.

They dropped down to sea level with Skaguay's lights below them.

آنها در حالی که چراغ‌های اسکاگوای زیرشان بود، به سطح دریا پایین آمدند.

It had been a record-setting run across miles of cold wilderness.

این یک رکوردشکنی در پیمودن کیلومترها مسیر سرد و بیابانی بود.

For fourteen days straight, they averaged a strong forty miles.

آنها چهارده روز متوالی، به طور میانگین چهل مایل (حدود 40 کیلومتر) را پیمودند.

In Skaguay, Perrault and François moved cargo through town.

در اسکاگوئه، پرو و فرانسوا محموله‌ها را در سطح شهر جابجا می‌کردند.

They were cheered and offered many drinks by admiring crowds.

جمعیت تحسین‌کننده آنها را تشویق کردند و نوشیدنی‌های زیادی به آنها تعارف کردند.

Dog-busters and workers gathered around the famous dog team.

سگ‌رباها و کارگران دور تیم معروف جمع‌آوری سگ‌ها جمع شدند.

Then western outlaws came to town and met violent defeat.

سپس یاغیان غربی به شهر آمدند و با شکست سختی روبرو شدند.

The people soon forgot the team and focused on new drama.

مردم خیلی زود تیم را فراموش کردند و روی درام جدید تمرکز کردند.

Then came the new orders that changed everything at once.

سپس دستورات جدیدی از راه رسیدند که همه چیز را به یکباره تغییر دادند.

François called Buck to him and hugged him with tearful pride.

فرانسوا باک را به سوی خود فراخواند و با غروری اشکبار او را در آغوش گرفت.

That moment was the last time Buck ever saw François again.

آن لحظه آخرین باری بود که باک دوباره فرانسوا را دید.

Like many men before, both François and Perrault were gone.

مانند بسیاری از مردان پیش از او، فرانسوا و پرو هر دو رفته بودند.

A Scotch half-breed took charge of Buck and his sled dog teammates.

یک سگ دورگه اسکاتلندی مسئولیت باک و هم‌تیمی‌های سگ سورتمه‌کشش را بر عهده گرفت.

With a dozen other dog teams, they returned along the trail to Dawson.

آنها به همراه دوازده تیم سگ دیگر، در امتداد مسیر به داوسون بازگشتند.

It was no fast run now—just heavy toil with a heavy load each day.

حالا دیگر کار سریع و طاقت‌فرسا نبود ـ فقط کار طاقت‌فرسا با بار سنگین هر روز.

This was the mail train, bringing word to gold hunters near the Pole.

این قطار پستی بود که به شکارچیان طلا در نزدیکی قطب خبر می‌داد.

Buck disliked the work but bore it well, taking pride in his effort.

باک از کار خوشش نمی‌آمد، اما آن را به خوبی تحمل می‌کرد و به تلاش خود افتخار می‌کرد.

Like Dave and Solleks, Buck showed devotion to every daily task.

باک، مانند دیو و سولکس، به تک تک کارهای روزانه‌اش پایبند بود.

He made sure his teammates each pulled their fair weight.

او مطمئن شد که هر یک از هم‌تیمی‌هایش به اندازه سهم خود تلاش می‌کنند.

Trail life became dull, repeated with the precision of a machine.

زندگی در مسیرهای پیاده‌روی کسل‌کننده شد و با دقت یک ماشین تکرار می‌شد.

Each day felt the same, one morning blending into the next.

هر روز حس یکسانی داشت، یک صبح با صبح دیگر در هم می‌آمیخت.

At the same hour, the cooks rose to build fires and prepare food.

در همان ساعت، آشپزها برخاستند تا آتش روشن کنند و غذا آماده کنند.

After breakfast, some left camp while others harnessed the dogs.

بعد از صبحانه، بعضی‌ها کمپ را ترک کردند در حالی که بعضی دیگر سگ‌ها را مهار کردند.

They hit the trail before the dim warning of dawn touched the sky.

آنها قبل از اینکه هشدار کم‌رنگ سپیده دم آسمان را لمس کند، به مسیر رسیدند.

At night, they stopped to make camp, each man with a set duty.

شب هنگام، آنها برای اردو زدن توقف کردند و هر کدام وظیفه مشخصی داشتند.

Some pitched the tents, others cut firewood and gathered pine boughs.

بعضی‌ها چادرها را برپا کردند، بعضی دیگر هیزم شکستند و شاخه‌های کاج جمع کردند.

Water or ice was carried back to the cooks for the evening meal.

آب یا یخ برای غذای عصرانه به آشپزها برگردانده می‌شد.

The dogs were fed, and this was the best part of the day for them.

به سگ‌ها غذا داده شد و این بهترین بخش روز برایشان بود.

After eating fish, the dogs relaxed and lounged near the fire.

سگ‌ها بعد از خوردن ماهی، نزدیک آتش استراحت کردند و لم دادند.

There were a hundred other dogs in the convoy to mingle with.

صد سگ دیگر هم در کاروان بودند که می‌شد با آنها معاشرت کرد.

Many of those dogs were fierce and quick to fight without warning.

بسیاری از آن سگ‌ها وحشی و سریع بودند و بدون هشدار قبلی می‌جنگیدند.

But after three wins, Buck mastered even the fiercest fighters.

اما پس از سه برد، باک حتی بر خشن‌ترین مبارزان نیز تسلط یافت.

Now when Buck growled and showed his teeth, they stepped aside.

حالا وقتی باک غرید و دندان‌هایش را نشان داد، آنها کنار رفتند.

Perhaps best of all, Buck loved lying near the flickering campfire.

شاید از همه بهتر، باک عاشق دراز کشیدن کنار آتشِ سوسوزن بود.

He crouched with hind legs tucked and front legs stretched ahead.

او چمباتمه زد، پاهای عقبش را جمع کرد و پاهای جلویی‌اش را به جلو کشید.

His head was raised as he blinked softly at the glowing flames.

سرش را بالا آورد و به آرامی پلک زد و به شعله‌های درخشان خیره شد.

Sometimes he recalled Judge Miller's big house in Santa Clara.

گاهی اوقات خانه بزرگ قاضی میلر در سانتا کلارا را به یاد می‌آورد.

He thought of the cement pool, of Ysabel, and the pug called Toots.

او به استخر سیمانی، به ایزابل و سگ پاگی به نام توتس فکر کرد.

But more often he remembered the man with the red sweater's club.

اما بیشتر اوقات مردی را که چماق ژاکت قرمز به سر داشت به یاد می‌آورد.

He remembered Curly's death and his fierce battle with Spitz.

او مرگ کرلی و نبرد سهمگین او با اسپیتز را به یاد آورد.

He also recalled the good food he had eaten or still dreamed of.

او همچنین غذاهای خوبی را که خورده بود یا هنوز آرزویش را داشت، به یاد آورد.

Buck was not homesick—the warm valley was distant and unreal.

باک دلتنگ خانه نبود—دره گرم دور و غیرواقعی بود.

Memories of California no longer held any real pull over him.

خاطرات کالیفرنیا دیگر هیچ کشش واقعی‌ای به او نمی‌دادند.

Stronger than memory were instincts deep in his bloodline.

غرایزی که در اعماق خونش ریشه دوانده بودند، از حافظه قوی‌تر بودند.

Habits once lost had returned, revived by the trail and the wild.

عادت‌هایی که زمانی از بین رفته بودند، دوباره بازگشته بودند و مسیر و طبیعت وحشی آنها را احیا کرده بود.

As Buck watched the firelight, it sometimes became something else.

همچنان که باک به نور آتش نگاه می‌کرد، گاهی چیز دیگری می‌شد.

He saw in the firelight another fire, older and deeper than the present one.

او در نور آتش، آتش دیگری دید، قدیمی‌تر و عمیق‌تر از آتش فعلی.

Beside that other fire crouched a man unlike the half-breed cook.

کنار آن آتش دیگر، مردی چمباتمه زده بود که با آشپز دورگه فرق داشت.

This figure had short legs, long arms, and hard, knotted muscles.

این پیکره پاهای کوتاه، بازوهای بلند و عضلاتی سخت و گره‌دار داشت.

His hair was long and matted, sloping backward from the eyes.

موهایش بلند و ژولیده بود و از کنار چشمانش به عقب متمایل شده بود.

He made strange sounds and stared out in fear at the darkness.

او صداهای عجیبی از خودش درمی‌آورد و با ترس به تاریکی خیره شده بود.

He held a stone club low, gripped tightly in his long rough hand.

او یک چماق سنگی را پایین نگه داشته بود و آن را محکم در دست دراز و خشنش گرفته بود.

The man wore little; just a charred skin that hung down his back.

مرد لباس کمی پوشیده بود؛ فقط یک پوست سوخته که از پشتش آویزان بود.

His body was covered with thick hair across arms, chest, and thighs.

بدنش پوشیده از موهای ضخیم در سراسر بازوها، سینه و ران‌ها بود.

Some parts of the hair were tangled into patches of rough fur.

بعضی از قسمت‌های مو به صورت تکه‌هایی از خز زبر در هم پیچیده شده بودند.

He did not stand straight but bent forward from the hips to knees.

او صاف نایستاده بود، بلکه از لگن تا زانو به جلو خم شده بود.

His steps were springy and catlike, as if always ready to leap.

قدم‌هایش فنری و گربه‌مانند بود، گویی همیشه آماده‌ی جهش بود.

There was a sharp alertness, like he lived in constant fear.

هوشیاری شدیدی وجود داشت، انگار که در ترس مداوم زندگی می‌کرد.

This ancient man seemed to expect danger, whether the danger was seen or not.

به نظر می‌رسید این مرد باستانی انتظار خطر را می‌کشید، چه خطر دیده می‌شد و چه نمی‌شد.

At times the hairy man slept by the fire, head tucked between legs.

مرد پشمالو گاهی کنار آتش می‌خوابید و سرش را بین پاهایش جمع می‌کرد.

His elbows rested on his knees, hands clasped above his head.

آرنج‌هایش را روی زانوهایش گذاشته بود و دست‌هایش را بالای سرش قلاب کرده بود.

Like a dog he used his hairy arms to shed off the falling rain.

مثل سگی از بازوهای پشمالویش برای دفع باران استفاده می‌کرد.

Beyond the firelight, Buck saw twin coals glowing in the dark.

باک، آن سوی نور آتش، دو زغال دوقلو را دید که در تاریکی می‌درخشیدند.

Always two by two, they were the eyes of stalking beasts of prey.

همیشه دو به دو، آنها چشم حیوانات درنده‌ی در کمین بودند.

He heard bodies crash through brush and sounds made in the night.

او صدای برخورد اجساد را از میان بوته‌ها و صداهایی را که در شب ایجاد می‌شد، شنید.

Lying on the Yukon bank, blinking, Buck dreamed by the fire.

باک در حالی که روی ساحل یوکان دراز کشیده بود، پلک می‌زد و کنار آتش رویا می‌دید.

The sights and sounds of that wild world made his hair stand up.

مناظر و صداهای آن دنیای وحشی مو به تن آدم سیخ می‌کرد.

The fur rose along his back, his shoulders, and up his neck.

خز در امتداد پشت، شانه‌ها و گردنش بلند شده بود.

He whimpered softly or gave a low growl deep in his chest.

او به آرامی ناله می‌کرد یا غرشی آرام در اعماق سینه‌اش سر می‌داد.

Then the half-breed cook shouted, "Hey, you Buck, wake up!"

«سپس آشپز دورگه فریاد زد» :هی، باک، بیدار شو
The dream world vanished, and real life returned to Buck's eyes.
دنیای رویا ناپدید شد و زندگی واقعی به چشمان باک بازگشت.
He was going to get up, stretch, and yawn, as if woken from a nap.
می‌خواست بلند شود، کش و قوسی به بدنش بدهد و خمیازه بکشد، انگار که از خواب نیمروزی بیدار شده باشد.
The trip was hard, with the mail sled dragging behind them.
سفر سختی بود، سورتمه پستی آنها را به دنبال خود می‌کشاند.
Heavy loads and tough work wore down the dogs each long day.
بارهای سنگین و کارهای طاقت‌فرسا، سگ‌ها را در طول روز خسته می‌کرد.
They reached Dawson thin, tired, and needing over a week's rest.
آنها در حالی که لاغر، خسته و نیازمند بیش از یک هفته استراحت بودند، به داوسون رسیدند.
But only two days later, they set out down the Yukon again.
اما تنها دو روز بعد، آنها دوباره به سمت یوکان حرکت کردند.
They were loaded with more letters bound for the outside world.
آنها پر از نامه‌های بیشتری بودند که قرار بود به دنیای بیرون فرستاده شوند.
The dogs were exhausted and the men were complaining constantly.
سگ‌ها خسته شده بودند و مردها مدام شکایت می‌کردند.
Snow fell every day, softening the trail and slowing the sleds.
هر روز برف می‌بارید، مسیر را نرم می‌کرد و حرکت سورتمه‌ها را کند می‌کرد.
This made for harder pulling and more drag on the runners.
این باعث کشش سخت‌تر و نیروی اصطکاک بیشتری روی دونده‌ها می‌شد.
Despite that, the drivers were fair and cared for their teams.
با وجود این، رانندگان منصف بودند و به تیم‌هایشان اهمیت می‌دادند.

Each night, the dogs were fed before the men got to eat.

هر شب، قبل از اینکه مردان غذا بخورند، به سگ‌ها غذا داده می‌شد.

No man slept before checking the feet of his own dog's.

هیچ مردی قبل از اینکه پاهای سگ خودش را بررسی کند، نمی‌خوابید.

Still, the dogs grew weaker as the miles wore on their bodies.

با این حال، سگ‌ها با پیمودن مسافت‌های طولانی، ضعیف‌تر می‌شدند.

They had traveled eighteen hundred miles through the winter.

آنها در طول زمستان هزار و هشتصد مایل سفر کرده بودند.

They pulled sleds across every mile of that brutal distance.

آنها سورتمه‌ها را در هر مایل از آن مسافت وحشتناک می‌کشیدند.

Even the toughest sled dogs feel strain after so many miles.

حتی سرسخت‌ترین سگ‌های سورتمه‌سوار هم بعد از طی کردن این همه کیلومتر احساس خستگی می‌کنند.

Buck held on, kept his team working, and maintained discipline.

باک مقاومت کرد، تیمش را به کار واداشت و نظم را حفظ کرد.

But Buck was tired, just like the others on the long journey.

اما باک خسته بود، درست مثل بقیه‌ی کسانی که در این سفر طولانی بودند.

Billee whimpered and cried in his sleep each night without fail.

بیلی هر شب بدون وقفه در خواب ناله و گریه می‌کرد.

Joe grew even more bitter, and Solleks stayed cold and distant.

جو حتی تلخ‌تر شد و سولکس سرد و بی‌تفاوت ماند.

But it was Dave who suffered the worst out of the entire team.

اما این دیو بود که از بین کل تیم بدترین ضربه را خورد.

Something had gone wrong inside him, though no one knew what.

چیزی در درونش اشتباه پیش رفته بود، هرچند هیچ‌کس نمی‌دانست چه چیزی.

He became moodier and snapped at others with growing anger.

او بدخلق‌تر شد و با خشم فزاینده‌ای به دیگران پرخاش می‌کرد.

Each night he went straight to his nest, waiting to be fed.
هر شب او مستقیماً به لانه‌اش می‌رفت و منتظر غذا می‌ماند.
Once he was down, Dave did not get up again till morning.
دیو وقتی که زمین خورد، تا صبح دیگر بلند نشد.
On the reins, sudden jerks or starts made him cry out in pain.
روی افسار، تکان‌ها یا لرزش‌های ناگهانی باعث می‌شد از درد فریاد بزند.
His driver searched for the cause, but found no injury on him.
راننده‌اش علت را جستجو کرد، اما هیچ آسیبی در او پیدا نکرد.
All the drivers began watching Dave and discussed his case.
همه رانندگان شروع به تماشای دیو کردند و در مورد پرونده او بحث کردند.
They talked at meals and during their final smoke of the day.
آنها سرِ غذا و موقعِ آخرین سیگار کشیدنشان حرف می‌زدند.
One night they held a meeting and brought Dave to the fire.
یک شب آنها جلسه‌ای تشکیل دادند و دیو را به آتش کشیدند.
They pressed and probed his body, and he cried out often.
آنها بدنش را فشار می‌دادند و بررسی می‌کردند، و او اغلب فریاد می‌زد.
Clearly, something was wrong, though no bones seemed broken.
واضح بود که مشکلی پیش آمده، هرچند به نظر نمی‌رسید استخوانی شکسته باشد.
By the time they reached Cassiar Bar, Dave was falling down.
وقتی به کاسیار بار رسیدند، دیو داشت زمین می‌خورد.
The Scotch half-breed called a halt and removed Dave from the team.
این دورگه اسکاتلندی، کار را متوقف کرد و دیو را از تیم کنار گذاشت.
He fastened Solleks in Dave's place, closest to the sled's front.
او سولکس را در جای دیو، نزدیک‌ترین قسمت به جلوی سورتمه، بست.
He meant to let Dave rest and run free behind the moving sled.

او می‌خواست دیو استراحت کند و آزادانه پشت سورتمه در حال حرکت بدود.

But even sick, Dave hated being taken from the job he had owned.

اما دیو حتی در حالت بیماری هم از اینکه از شغلی که قبلاً داشت، گرفته شود، متنفر بود.

He growled and whimpered as the reins were pulled from his body.

او غرغر کرد و ناله کرد وقتی افسار از بدنش کشیده شد.

When he saw Solleks in his place, he cried with broken-hearted pain.

وقتی سولکس را در جای خود دید، با دلی شکسته و دردی عمیق گریست.

The pride of trail work was deep in Dave, even as death approached.

حتی با نزدیک شدن مرگ، غرور کار در مسیرهای کوهستانی در وجود دیو عمیقاً موج می‌زد.

As the sled moved, Dave floundered through soft snow near the trail.

همینطور که سورتمه حرکت می‌کرد، دیو در نزدیکی مسیر، روی برف نرم به سختی راه می‌رفت.

He attacked Solleks, biting and pushing him from the sled's side.

او به سولکس حمله کرد، او را گاز گرفت و از کنار سورتمه هل داد.

Dave tried to leap into the harness and reclaim his working spot.

دیو سعی کرد به داخل مهار بپرد و محل کارش را پس بگیرد.

He yelped, whined, and cried, torn between pain and pride in labor.

او فریاد می‌زد، ناله می‌کرد و گریه می‌کرد، در حالی که بین درد و غرور در حین زایمان گیر کرده بود.

The half-breed used his whip to try driving Dave away from the team.

آن دورگه با شلاقش سعی کرد دیو را از تیم دور کند.

But Dave ignored the lash, and the man couldn't strike him harder.

اما دیو به شلاق توجهی نکرد و آن مرد نتوانست ضربه محکم‌تری به او بزند.

Dave refused the easier path behind the sled, where snow was packed.

دیو از مسیر آسان‌تر پشت سورتمه، جایی که برف زیادی جمع شده بود، خودداری کرد.

Instead, he struggled in the deep snow beside the trail, in misery.

در عوض، او در برف عمیق کنار مسیر، با بدبختی دست و پنجه نرم می‌کرد.

Eventually, Dave collapsed, lying in the snow and howling in pain.

سرانجام، دیو از حال رفت، روی برف‌ها افتاد و از درد ناله می‌کرد.

He cried out as the long train of sleds passed him one by one.

او فریاد زد وقتی که قطار طولانی سورتمه‌ها یکی یکی از کنارش رد شدند.

Still, with what strength remained, he rose and stumbled after them.

با این حال، با آخرین نیروی باقی مانده، بلند شد و تلوتلوخوران به دنبال آنها رفت.

He caught up when the train stopped again and found his old sled.

وقتی قطار دوباره توقف کرد، به او رسید و سورتمه قدیمی‌اش را پیدا کرد.

He floundered past the other teams and stood beside Solleks again.

او با دستپاچگی از کنار تیم‌های دیگر گذشت و دوباره کنار سولکس ایستاد.

As the driver paused to light his pipe, Dave took his last chance.

همین که راننده مکث کرد تا پیپش را روشن کند، دیو آخرین شانسش را امتحان کرد.

When the driver returned and shouted, the team didn't move forward.

وقتی راننده برگشت و فریاد زد، تیم جلو نرفت.

The dogs had turned their heads, confused by the sudden stoppage.

سگ‌ها، گیج از توقف ناگهانی، سرشان را برگردانده بودند.

The driver was shocked too—the sled hadn't moved an inch forward.

راننده هم شوکه شده بود—سورتمه حتی یک اینچ هم جلو نرفته بود.

He called out to the others to come and see what had happened.

او بقیه را صدا زد تا بیایند و ببینند چه اتفاقی افتاده است.

Dave had chewed through Solleks's reins, breaking both apart.

دیو افسار سولکس را جویده و هر دو را از هم جدا کرده بود.

Now he stood in front of the sled, back in his rightful position.

حالا او جلوی سورتمه ایستاده بود، و دوباره در جایگاه درست خود قرار گرفته بود.

Dave looked up at the driver, silently pleading to stay in the traces.

دیو به راننده نگاه کرد و در سکوت التماس کرد که در مسیر بماند.

The driver was puzzled, unsure of what to do for the struggling dog.

راننده گیج شده بود و مطمئن نبود برای سگی که تقلا می‌کرد چه کار کند.

The other men spoke of dogs who had died from being taken out.

مردهای دیگر از سگ‌هایی صحبت می‌کردند که در اثر بیرون بردن مرده بودند.

They told of old or injured dogs whose hearts broke when left behind.

آنها از سگ‌های پیر یا زخمی می‌گفتند که وقتی تنها گذاشته می‌شدند، دلشان می‌شکست.

They agreed it was mercy to let Dave die while still in his harness.

آنها توافق کردند که این رحمت است که بگذارند دیو در حالی که هنوز افسارش را در دست دارد بمیرد.

He was fastened back onto the sled, and Dave pulled with pride.

او را دوباره به سورتمه بستند و دیو با غرور آن را کشید.

Though he cried out at times, he worked as if pain could be ignored.

اگرچه گاهی اوقات فریاد می‌زد، اما طوری کار می‌کرد که انگار می‌توان درد را نادیده گرفت.

More than once he fell and was dragged before rising again.

بیش از یک بار او افتاد و قبل از اینکه دوباره بلند شود، کشیده شد.

Once, the sled rolled over him, and he limped from that moment on.

یک بار، سورتمه از روی او گذشت و از آن لحظه به بعد او لنگید.

Still, he worked until camp was reached, and then lay by the fire.

با این حال، او تا رسیدن به اردوگاه کار کرد و سپس کنار آتش دراز کشید.

By morning, Dave was too weak to travel or even stand upright.

تا صبح، دیو آنقدر ضعیف شده بود که نمی‌توانست حرکت کند یا حتی بایستد.

At harness-up time, he tried to reach his driver with trembling effort.

در زمان آماده‌سازی مهار، با تلاشی لرزان سعی کرد به راننده‌اش برسد.

He forced himself up, staggered, and collapsed onto the snowy ground.

او به زور بلند شد، تلو تلو خورد و روی زمین برفی افتاد.

Using his front legs, he dragged his body toward the harnessing area.

با استفاده از پاهای جلویی‌اش، بدنش را به سمت محل مهار کشید.

He hitched himself forward, inch by inch, toward the working dogs.

او خودش را جلو کشید، سانتی‌متر به سانتی‌متر، به سمت سگ‌های کارگر.

His strength gave out, but he kept moving in his last desperate push.

نیرویش تحلیل رفت، اما با آخرین تلاش ناامیدانه‌اش به حرکت ادامه داد.

His teammates saw him gasping in the snow, still longing to join them.

هم‌تیمی‌هایش او را دیدند که در برف نفس نفس می‌زد و هنوز آرزوی پیوستن به آنها را داشت.

They heard him howling with sorrow as they left the camp behind.

آنها هنگام ترک اردوگاه، صدای ناله‌های غم‌انگیز او را شنیدند.

As the team vanished into trees, Dave's cry echoed behind them.

همین که تیم در میان درختان ناپدید شد، فریاد دیو پشت سرشان طنین‌انداز شد.

The sled train halted briefly after crossing a stretch of river timber.

قطار سورتمه‌سواری پس از عبور از بخشی از جنگل‌های رودخانه، برای مدت کوتاهی توقف کرد.

The Scotch half-breed walked slowly back toward the camp behind.

دورگه اسکاتلندی به آرامی به سمت اردوگاه پشت سر برگشت.

The men stopped speaking when they saw him leave the sled train.

مردها وقتی دیدند که او از قطار سورتمه پیاده می‌شود، حرفشان را قطع کردند.

Then a single gunshot rang out clear and sharp across the trail.

سپس صدای شلیک گلوله‌ای واضح و تیز در سراسر مسیر طنین‌انداز شد.

The man returned quickly and took up his place without a word.

مرد سریع برگشت و بدون هیچ حرفی سر جایش نشست.

Whips cracked, bells jingled, and the sleds rolled on through snow.

شلاق‌ها به صدا درمی‌آمدند، زنگ‌ها جرینگ جرینگ می‌کردند و سورتمه‌ها در میان برف‌ها غلت می‌خوردند.

But Buck knew what had happened—and so did every other dog.

اما باک می‌دانست چه اتفاقی افتاده است ـ و هر سگ دیگری هم همینطور.

The Toil of Reins and Trail
رنج و زحمت افسار و مسیر

Thirty days after leaving Dawson, the Salt Water Mail reached Skaguay.

سی روز پس از ترک داوسون، کشتی سالت واتر میل به اسکاگوئه رسید.

Buck and his teammates pulled the lead, arriving in pitiful condition.

باک و هم‌تیمی‌هایش در حالی که در شرایط رقت‌انگیزی رسیده بودند، پیشتاز شدند.

Buck had dropped from one hundred forty to one hundred fifteen pounds.

وزن باک از صد و چهل پوند به صد و پانزده پوند کاهش یافته بود.

The other dogs, though smaller, had lost even more body weight.

سگ‌های دیگر، هرچند کوچک‌تر بودند، وزن بدنشان حتی بیشتر کاهش یافته بود.

Pike, once a fake limper, now dragged a truly injured leg behind him.

پایک، که زمانی فقط یک لنگ‌زن مصنوعی بود، حالا یک پای واقعاً زخمی را به دنبال خود می‌کشید.

Solleks was limping badly, and Dub had a wrenched shoulder blade.

سولکس به شدت می‌لنگید و داب از ناحیه کتف دچار شکستگی شده بود.

Every dog in the team was footsore from weeks on the frozen trail.

تمام سگ‌های تیم به خاطر هفته‌ها رانندگی در مسیر یخزده، پاهایشان درد می‌کرد.

They had no spring left in their steps, only slow, dragging motion.

دیگر رمقی در قدم‌هایشان نمانده بود، فقط حرکاتشان کند و کشیده می‌شد.

Their feet hit the trail hard, each step adding more strain to their bodies.

پاهایشان محکم به مسیر برخورد می‌کرد و با هر قدم، فشار بیشتری به بدنشان وارد می‌شد.

They were not sick, only drained beyond all natural recovery.

آنها بیمار نبودند، فقط آنقدر خسته بودند که دیگر به طور طبیعی بهبود نمی‌یافتند.
This was not tiredness from one hard day, cured with a night's rest.
این خستگیِ یک روز سخت نبود که با یک شب استراحت برطرف شود.
It was exhaustion built slowly through months of grueling effort.
این خستگی به آرامی و طی ماه‌ها تلاش طاقت‌فرسا ایجاد شده بود.
No reserve strength remained—they had used up every bit they had.
هیچ نیروی ذخیره‌ای باقی نمانده بود - آنها هر چه داشتند را مصرف کرده بودند.
Every muscle, fiber, and cell in their bodies was spent and worn.
هر عضله، فیبر و سلولِ در بدن آنها تحلیل رفته و فرسوده شده بود.
And there was a reason—they had covered twenty-five hundred miles.
و دلیلی هم داشت - آنها دو هزار و پانصد مایل را طی کرده بودند.
They had rested only five days during the last eighteen hundred miles.
آنها در طول هزار و هشتصد مایل آخر، فقط پنج روز استراحت کرده بودند.
When they reached Skaguay, they looked barely able to stand upright.
وقتی به اسکاگوئه رسیدند، به نظر می‌رسید که به سختی می‌توانند صاف بایستند.
They struggled to keep the reins tight and stay ahead of the sled.
آنها تقلا می‌کردند تا افسار را محکم نگه دارند و از سورتمه جلوتر بمانند.
On downhill slopes, they only managed to avoid being run over.
در سرازیری‌ها، آنها فقط توانستند از زیر گرفته شدن توسط ماشین جلوگیری کنند.
"March on, poor sore feet," the driver said as they limped along.
راننده در حالی که لنگان لنگان راه می‌رفتند گفت» :به راهت ادامه بده، «پاهای دردناک بیچاره.

"This is the last stretch, then we all get one long rest, for sure."

« این آخرین مرحله است، بعدش مطمئناً همه یه استراحت طولانی خواهیم داشت.»

"One truly long rest," he promised, watching them stagger forward.

او در حالی که تلوتلو خوردن آنها را به جلو تماشا می‌کرد، قول داد: «یک استراحت واقعاً طولانی.»

The drivers expected they were going to now get a long, needed break.

رانندگان انتظار داشتند که حالا یک استراحت طولانی و ضروری داشته باشند.

They had traveled twelve hundred miles with only two days' rest.

آنها دوازده‌صد مایل را با تنها دو روز استراحت طی کرده بودند.

By fairness and reason, they felt they had earned time to relax.

انصافاً و منطقاً، آنها احساس می‌کردند که زمانی برای استراحت به دست آورده‌اند.

But too many had come to the Klondike, and too few had stayed home.

اما تعداد زیادی به کلوندایک آمده بودند و تعداد کمی در خانه مانده بودند.

Letters from families flooded in, creating piles of delayed mail.

سیل نامه‌های خانواده‌ها سرازیر شد و انبوهی از نامه‌های معوق ایجاد کرد.

Official orders arrived—new Hudson Bay dogs were going to take over.

دستورهای رسمی رسید ـ قرار بود سگ‌های جدید هادسون بی مسئولیت را بر عهده بگیرند.

The exhausted dogs, now called worthless, were to be disposed of.

قرار بود سگ‌های خسته که حالا بی‌ارزش نامیده می‌شدند، معدوم شوند.

Since money mattered more than dogs, they were going to be sold cheaply.

از آنجایی که پول از سگ‌ها مهم‌تر بود، قرار بود آنها ارزان فروخته شوند.

Three more days passed before the dogs felt just how weak they were.

سه روز دیگر گذشت تا سگ‌ها احساس کنند که چقدر ضعیف شده‌اند.

On the fourth morning, two men from the States bought the whole team.

صبح روز چهارم، دو مرد آمریکایی کل تیم را خریدند.

The sale included all the dogs, plus their worn harness gear.

این حراج شامل تمام سگ‌ها، به علاوه‌ی افسار فرسوده‌شان می‌شد.

The men called each other "Hal" and "Charles" as they completed the deal.

این دو مرد هنگام انجام معامله، یکدیگر را «هال» و «چارلز» صدا می‌زدند.

Charles was middle-aged, pale, with limp lips and fierce mustache tips.

چارلز میانسال، رنگ‌پریده، با لب‌های بی‌رمق و سبیل‌های پرپشت بود.

Hal was a young man, maybe nineteen, wearing a cartridge-stuffed belt.

هال مرد جوانی بود، شاید نوزده ساله، که کمربندی پر از فشنگ به کمر داشت.

The belt held a big revolver and a hunting knife, both unused.

کمربند، یک هفت‌تیر بزرگ و یک چاقوی شکاری را در خود جای داده بود، که هر دو استفاده نشده بودند.

It showed how inexperienced and unfit he was for northern life.

این نشان می‌داد که او چقدر برای زندگی در شمال بی‌تجربه و نامناسب است.

Neither man belonged in the wild; their presence defied all reason.

هیچ‌کدام از آن دو مرد به طبیعت وحشی تعلق نداشتند؛ حضورشان با هر منطقی مغایرت داشت.

Buck watched as money exchanged hands between buyer and agent.

باک تماشا می‌کرد که چطور پول بین خریدار و نماینده‌ی فروش رد و بدل می‌شود.

He knew the mail-train drivers were leaving his life like the rest.

او می‌دانست که رانندگان قطار پستی هم مثل بقیه از زندگی‌اش می‌روند.

They followed Perrault and François, now gone beyond recall.

آنها از پرو و فرانسوا پیروی کردند، که اکنون دیگر به یاد نمی‌آیند.

Buck and the team were led to their new owners' sloppy camp.

باک و تیمش به اردوگاه شلخته‌ی صاحبان جدیدشان هدایت شدند.

The tent sagged, dishes were dirty, and everything lay in disarray.

چادر فرو ریخته بود، ظرف‌ها کثیف بودند و همه چیز به هم ریخته بود.

Buck noticed a woman there too—Mercedes, Charles's wife and Hal's sister.

باک متوجه زنی هم آنجا شد ـ مرسدس، همسر چارلز و خواهر هال.

They made a complete family, though far from suited to the trail.

آنها یک خانواده کامل را تشکیل می‌دادند، هرچند که برای مسیر مناسب نبودند.

Buck watched nervously as the trio started packing the supplies.

باک با نگرانی نگاه می‌کرد که آن سه نفر شروع به بسته‌بندی وسایل کردند.

They worked hard but without order—just fuss and wasted effort.

آنها سخت کار می‌کردند اما بدون نظم ـ فقط هیاهو و تلاش بیهوده.

The tent was rolled into a bulky shape, far too large for the sled.

چادر لوله شده و به شکل حجیمی درآمده بود، برای سورتمه خیلی بزرگ بود.

Dirty dishes were packed without being cleaned or dried at all.

ظرف‌های کثیف بدون اینکه اصلاً شسته یا خشک شوند، بسته‌بندی شده بودند.

Mercedes fluttered about, constantly talking, correcting, and meddling.

مرسدس این‌طرف و آن‌طرف می‌رفت، مدام حرف می‌زد، حرف کسی را تصحیح می‌کرد و دخالت می‌کرد.

When a sack was placed on front, she insisted it go on the back.

وقتی یک کیسه جلو گذاشته شد، او اصرار داشت که آن را عقب بگذارد.

She packed the sack in the bottom, and the next moment she needed it.

او کیسه را در ته آن گذاشت و لحظه بعد به آن نیاز داشت.

So the sled was unpacked again to reach the one specific bag.

بنابراین سورتمه دوباره از بسته‌بندی خارج شد تا به آن کیسه‌ی خاص برسد.

Nearby, three men stood outside a tent, watching the scene unfold.

در همان نزدیکی، سه مرد بیرون چادری ایستاده بودند و صحنه را تماشا می‌کردند.

They smiled, winked, and grinned at the newcomers' obvious confusion.

آنها با دیدن سردرگمی آشکار تازه واردها، لبخند زدند، چشمک زدند و پوزخند زدند.

"You've got a right heavy load already," said one of the men.

یکی از مردها گفت: «شما همین الان هم بار سنگینی دارید.»

"I don't think you should carry that tent, but it's your choice."

« فکر نمی‌کنم لازم باشه اون چادر رو با خودت ببری، اما انتخاب با خودته.»

"Undreamed of!" cried Mercedes, throwing up her hands in despair.

مرسدس با ناامیدی دستانش را بالا برد و فریاد زد: «خوابش هم نمی‌دیدم»

"How could I possibly travel without a tent to stay under?"

«چطور می‌توانستم بدون چادر سفر کنم؟»

"It's springtime—you won't see cold weather again," the man replied.

مرد پاسخ داد: «بهار است - دیگر هوای سرد را نخواهی دید.»

But she shook her head, and they kept piling items onto the sled.

اما او سرش را تکان داد، و آنها همچنان وسایل را روی سورتمه انباشته می‌کردند.

The load towered dangerously high as they added the final things.

وقتی آخرین چیزها را اضافه می‌کردند، بار به طرز خطرناکی بالا رفته بود.

"Think the sled will ride?" asked one of the men with a skeptical look.

یکی از مردها با نگاهی شکاک پرسید» :فکر می‌کنید سورتمه حرکت خواهد کرد؟«

"Why shouldn't it?" Charles snapped back with sharp annoyance.

»چارلز با دلخوری شدیدی جواب داد» :چرا نباید این کار را بکند؟

"Oh, that's all right," the man said quickly, backing away from offense.

مرد سریع گفت» :اوه، اشکالی ندارد.و از لحن تهاجمی‌اش عقب‌نشینی » کرد.

"I was only wondering—it just looked a bit too top-heavy to me."

»فقط داشتم فکر می‌کردم - به نظرم یه کم زیادی سنگین اومد»«

Charles turned away and tied down the load as best as he could.

چارلز برگشت و بار را تا جایی که می‌توانست محکم بست.

But the lashings were loose and the packing poorly done overall.

اما بندها شل بودند و بسته‌بندی در کل ضعیف انجام شده بود.

"Sure, the dogs will pull that all day," another man said sarcastically.

»مرد دیگری با طعنه گفت» :البته، سگ‌ها تمام روز آن را خواهند کشید.«

"Of course," Hal replied coldly, grabbing the sled's long gee-pole.

هال با سردی پاسخ داد» :البته.و میله‌ی بلندِ جی-میله‌ی سورتمه را » گرفت.

With one hand on the pole, he swung the whip in the other.

با یک دست بر تیرک، شلاق را با دست دیگر چرخاند.

"Let's go!" he shouted. "Move it!" urging the dogs to start.

او فریاد زد» :بریم» «و سگ‌ها را به شروع کردن تشویق کرد» :تکانش بدید«

The dogs leaned into the harness and strained for a few moments.

سگ‌ها به افسار تکیه دادند و برای چند لحظه تقلا کردند.

Then they stopped, unable to budge the overloaded sled an inch.

سپس آنها ایستادند، نتوانستند سورتمه پر از بار را حتی یک اینچ هم تکان دهند.

"The lazy brutes!" Hal yelled, lifting the whip to strike them.

هال فریاد زد» :تنبل‌های وحشی «و شلاق را بالا برد تا آنها را بزند.

But Mercedes rushed in and seized the whip from Hal's hands.

اما مرسدس به سرعت وارد شد و شلاق را از دست هال قاپید.

"Oh, Hal, don't you dare hurt them," she cried in alarm.

او با وحشت فریاد زد» :اوه، هال، جرأت نکن به آنها آسیبی برسانی.«

"Promise me you'll be kind to them, or I won't go another step."

به من قول بده که با آنها مهربان باشی، وگرنه دیگر قدمی برنخواهم » داشت.«

"You don't know a thing about dogs," Hal snapped at his sister.

هال با عصبانیت به خواهرش گفت» :تو هیچی از سگ‌ها نمی‌دونی.«

"They're lazy, and the only way to move them is to whip them."

آنها تنبل هستند و تنها راه برای حرکت دادنشان شلاق زدن است.«»

"Ask anyone—ask one of those men over there if you doubt me."

از هر کسی بپرس - اگر به من شک داری از یکی از آن مردها آنجا » بپرس.«

Mercedes looked at the onlookers with pleading, tearful eyes.

مرسدس با چشمانی اشکبار و التماس‌آمیز به تماشاگران نگاه می‌کرد.

Her face showed how deeply she hated the sight of any pain.

چهره‌اش نشان می‌داد که چقدر از دیدن هرگونه درد و رنجی متنفر است.

"They're weak, that's all," one man said. "They're worn out."

یکی از آنها گفت» :آنها ضعیف هستند، همین.آنها فرسوده شده‌اند .«

"They need rest—they've been worked too long without a break."

« آنها به استراحت نیاز دارند ـ مدت زیادی بدون استراحت از آنها کار کشیده شده است.»

"Rest be cursed," Hal muttered with his lip curled.

«هال با لب‌های جمع‌شده زیر لب گفت» :لعنت به آرامش ابدی.

Mercedes gasped, clearly pained by the coarse word from him.

مرسدس نفسش بند آمد، مشخص بود که از حرف بی‌ادبانه او رنجیده است.

Still, she stayed loyal and instantly defended her brother.

با این حال، او وفادار ماند و فوراً از برادرش دفاع کرد.

"Don't mind that man," she said to Hal. "They're our dogs."

او به هال گفت: «به آن مرد اهمیت نده.آنها سگ‌های ما هستند.»

"You drive them as you see fit—do what you think is right."

« شما آنها را هر طور که صلاح می‌دانید هدایت می‌کنید ـ کاری را که فکر می‌کنید درست است انجام دهید.»

Hal raised the whip and struck the dogs again without mercy.

هال شلاق را بالا برد و دوباره بدون رحم سگ‌ها را زد.

They lunged forward, bodies low, feet pushing into the snow.

آنها به جلو خیز برداشتند، بدن‌هایشان پایین بود و پاهایشان در برف فرو می‌رفت.

All their strength went into the pull, but the sled wasn't moving.

تمام قدرتشان صرف کشیدن سورتمه شد، اما سورتمه حرکت نمی‌کرد.

The sled stayed stuck, like an anchor frozen into the packed snow.

سورتمه مثل لنگری که در برف فشرده یخ زده باشد، گیر کرده بود.

After a second effort, the dogs stopped again, panting hard.

پس از دومین تلاش، سگ‌ها دوباره ایستادند و به سختی نفس نفس می‌زدند.

Hal raised the whip once more, just as Mercedes interfered again.

هال دوباره شلاق را بالا برد، درست همان موقع مرسدس دوباره دخالت کرد.

She dropped to her knees in front of Buck and hugged his neck.

او جلوی باک زانو زد و گردنش را در آغوش گرفت.

Tears filled her eyes as she pleaded with the exhausted dog.

در حالی که از سگ خسته التماس می‌کرد، اشک در چشمانش حلقه زده بود.

"You poor dears," she said, "why don't you just pull harder?"

«او گفت»: عزیزان بیچاره، چرا محکم‌تر نمی‌کشید؟

"If you pull, then you won't get to be whipped like this."

«اگر بکشی، دیگر نمی‌توانی این‌طور شلاق بخوری».-«

Buck disliked Mercedes, but he was too tired to resist her now.

باک از مرسدس خوشش نمی‌آمد، اما حالا خیلی خسته بود که در مقابلش مقاومت کند.

He accepted her tears as just another part of the miserable day.

او اشک‌های او را به عنوان بخشی دیگر از آن روز نحس پذیرفت.

One of the watching men finally spoke after holding back his anger.

یکی از مردانی که نظاره‌گر بود، بالاخره پس از اینکه خشمش را فرو خورد، لب به سخن گشود.

"I don't care what happens to you folks, but those dogs matter."

» برای من مهم نیست چه اتفاقی برای شما دوستان می‌افتد، اما آن سگ‌ها مهم هستند.«

"If you want to help, break that sled loose—it's frozen to the snow."

«اگر می‌خواهی کمک کنی، آن سورتمه را شل کن - از برف یخ زده».-«

"Push hard on the gee-pole, right and left, and break the ice seal."

«از راست و چپ محکم به میله‌ی جی‌میل فشار بده و یخبند رو بشکن».-«

A third attempt was made, this time following the man's suggestion.

این بار به پیشنهاد مرد، تلاش سومی انجام شد.

Hal rocked the sled from side to side, breaking the runners loose.

هال سورتمه را از این سو به آن سو تکان داد و باعث شد که تیغه‌های آن شل شوند.

The sled, though overloaded and awkward, finally lurched forward.

سورتمه، هرچند بیش از حد سنگین و دست و پا چلفتی بود، بالاخره به جلو حرکت کرد.

Buck and the others pulled wildly, driven by a storm of whiplashes.

باک و دیگران، در حالی که طوفانی از ضربات شلاق آنها را به حرکت در آورده بود، وحشیانه خود را می‌کشیدند.

A hundred yards ahead, the trail curved and sloped into the street.

صد یارد جلوتر، مسیر پیچ خورد و به خیابان سرازیر شد.

It was going to have taken a skilled driver to keep the sled upright.

قرار بود یک راننده ماهر سورتمه را سرپا نگه دارد.

Hal was not skilled, and the sled tipped as it swung around the bend.

هال ماهر نبود و سورتمه هنگام پیچیدن کج شد.

Loose lashings gave way, and half the load spilled onto the snow.

تسمه‌های شل شل شدند و نیمی از بار روی برف ریخت.

The dogs did not stop; the lighter sled flew along on its side.

سگ‌ها توقف نکردند؛ سورتمه سبک‌تر به پهلو به پرواز درآمد.

Angry from abuse and the heavy burden, the dogs ran faster.

سگ‌ها که از بدرفتاری و بار سنگین عصبانی بودند، تندتر دویدند.

Buck, in fury, broke into a run, with the team following behind.

باک، با خشم، شروع به دویدن کرد و تیمش هم پشت سرش می‌دوید.

Hal shouted "Whoa! Whoa!" but the team paid no attention to him.

هال فریاد زد «وای وای »اما تیم هیچ توجهی به او نکرد.

He tripped, fell, and was dragged along the ground by the harness.

پایش گیر کرد، افتاد و افسار اسب روی زمین کشیده شد.

The overturned sled bumped over him as the dogs raced on ahead.

سورتمه واژگون شده به او برخورد کرد و سگ‌ها به سرعت از او جلو زدند.

The rest of the supplies scattered across Skaguay's busy street.

بقیه‌ی وسایل در خیابان شلوغ اسکاگوئه پخش شده بود.

Kind-hearted people rushed to stop the dogs and gather the gear.

مردم مهربان هجوم آوردند تا سگ‌ها را متوقف کنند و وسایل را جمع کنند.

They also gave advice, blunt and practical, to the new travelers.

آنها همچنین به مسافران جدید، نصیحت‌هایی رک و صریح و کاربردی ارائه دادند.

"If you want to reach Dawson, take half the load and double the dogs."

» اگر می‌خواهی به داوسون برسی، نصف بار را بردار و سگ‌ها را دو برابر کن.«

Hal, Charles, and Mercedes listened, though not with enthusiasm.

هال، چارلز و مرسدس گوش می‌دادند، هرچند نه با اشتیاق.

They pitched their tent and started sorting through their supplies.

چادرشان را برپا کردند و شروع به مرتب کردن وسایلشان کردند.

Out came canned goods, which made onlookers laugh aloud.

کنسروها بیرون آمدند که باعث خنده‌ی تماشاگران شد.

"Canned stuff on the trail? You'll starve before that melts," one said.

یکی گفت» :غذاهای کنسروی توی مسیر؟ قبل از اینکه آب بشن از گرسنگی می‌میری.«

"Hotel blankets? You're better off throwing them all out."

پتوهای هتل؟ بهتره همه‌شون رو دور بریزی«.«

"Ditch the tent, too, and no one washes dishes here."

چادر را هم جمع کنید، اینجا کسی ظرف نمی‌شوید«.«

"You think you're riding a Pullman train with servants on board?"

« فکر می‌کنی سوار قطار پولمن هستی و خدمتکارها هم همراهت هستند؟»

The process began—every useless item was tossed to the side.

روند شروع شد - هر وسیله‌ی بی‌فایده به گوشه‌ای پرتاب شد.

Mercedes cried when her bags were emptied onto the snowy ground.

مرسدس وقتی چمدان‌هایش روی زمین برفی خالی شد، گریه کرد.

She sobbed over every item thrown out, one by one without pause.

او برای هر وسیله‌ای که دور انداخته می‌شد، یکی یکی و بدون مکث، هق هق می‌کرد.

She vowed not to go one more step—not even for ten Charleses.

او قسم خورد که حتی یک قدم دیگر هم جلو نرود - حتی برای ده چارلز.

She begged each person nearby to let her keep her precious things.

او از هر کسی که در آن نزدیکی بود التماس کرد که اجازه دهد چیزهای گرانبهایش را نگه دارد.

At last, she wiped her eyes and began tossing even vital clothes.

بالاخره اشک‌هایش را پاک کرد و شروع به دور انداختن لباس‌های ضروری‌اش کرد.

When done with her own, she began emptying the men's supplies.

وقتی کارش با خودش تمام شد، شروع به خالی کردن آذوقه مردان کرد.

Like a whirlwind, she tore through Charles and Hal's belongings.

او مانند گردبادی، وسایل چارلز و هال را به هم ریخت.

Though the load was halved, it was still far heavier than needed.

اگرچه بار نصف شده بود، اما هنوز خیلی سنگین‌تر از حد نیاز بود.

That night, Charles and Hal went out and bought six new dogs.

آن شب، چارلز و هال بیرون رفتند و شش سگ جدید خریدند.

These new dogs joined the original six, plus Teek and Koona.

این سگ‌های جدید به شش سگ اصلی، به علاوه‌ی تیک و کونا، اضافه شدند.

Together they made a team of fourteen dogs hitched to the sled.

آنها با هم تیمی از چهارده سگ را تشکیل دادند که به سورتمه بسته شده بودند.

But the new dogs were unfit and poorly trained for sled work.

اما سگ‌های جدید برای کار با سورتمه نامناسب و آموزش ندیده بودند.

Three of the dogs were short-haired pointers, and one was a Newfoundland.

سه تا از سگ‌ها از نژاد پوینتر مو کوتاه و یکی از آنها از نژاد نیوفاندلند بود.

The final two dogs were mutts of no clear breed or purpose at all.

دو سگ آخر، سگ‌های بی‌صاحبی بودند که نژاد یا هدف مشخصی نداشتند.

They didn't understand the trail, and they didn't learn it quickly.

آنها مسیر را نمی‌فهمیدند، و آن را به سرعت یاد نمی‌گرفتند.

Buck and his mates watched them with scorn and deep irritation.

باک و رفقایش با تمسخر و آزردگی عمیقی آنها را تماشا می‌کردند.

Though Buck taught them what not to do, he could not teach duty.

اگرچه باک به آنها یاد داد که چه کاری را نباید انجام دهند، اما نمی‌توانست وظیفه‌شناسی را آموزش دهد.

They didn't take well to trail life or the pull of reins and sleds.

آنها از دنبال کردن مسیر یا کشیدن افسار و سورتمه خوششان نمی‌آمد.

Only the mongrels tried to adapt, and even they lacked fighting spirit.

فقط دورگه‌ها سعی در سازگاری داشتند و حتی آنها هم فاقد روحیه جنگندگی بودند.

The other dogs were confused, weakened, and broken by their new life.

سگ‌های دیگر گیج، ضعیف و از زندگی جدیدشان شکسته بودند.

With the new dogs clueless and the old ones exhausted, hope was thin.

با بی‌خبری سگ‌های جدید و خستگی سگ‌های قدیمی، امید کمرنگ شده بود.

Buck's team had covered twenty-five hundred miles of harsh trail.

تیم باک دو هزار و پانصد مایل از مسیر ناهموار را طی کرده بود.

Still, the two men were cheerful and proud of their large dog team.

با این حال، آن دو مرد شاد بودند و به تیم بزرگ سگ‌هایشان افتخار می‌کردند.

They thought they were traveling in style, with fourteen dogs hitched.

آنها فکر می‌کردند که با چهارده سگِ به زنجیر کشیده شده، با سبک و سیاق سفر می‌کنند.

They had seen sleds leave for Dawson, and others arrive from it.

آنها دیده بودند که سورتمه‌ها به سمت داوسون حرکت می‌کردند و سورتمه‌های دیگری از آنجا می‌رسیدند.

But never had they seen one pulled by as many as fourteen dogs.

اما هرگز ندیده بودند که یکی از آنها توسط چهارده سگ کشیده شود.

There was a reason such teams were rare in the Arctic wilderness.

دلیلی وجود داشت که چنین تیم‌هایی در طبیعت بکر قطب شمال نادر بودند.

No sled could carry enough food to feed fourteen dogs for the trip.

هیچ سورتمه‌ای نمی‌توانست غذای کافی برای سیر کردن چهارده سگ در طول سفر را حمل کند.

But Charles and Hal didn't know that — they had done the math.

اما چارلز و هال این را نمی‌دانستند—آنها محاسبات را انجام داده بودند.

They penciled out the food: so much per dog, so many days, done.

آنها غذا را با مداد نوشتند: فلان مقدار برای هر سگ، فلان تعداد روز، تمام شد.

Mercedes looked at their figures and nodded as if it made sense.

مرسدس به ارقام آنها نگاه کرد و طوری سر تکان داد که انگار حرفش منطقی بوده است.

It all seemed very simple to her, at least on paper.

همه چیز برای او خیلی ساده به نظر می‌رسید، حداقل روی کاغذ.

The next morning, Buck led the team slowly up the snowy street.

صبح روز بعد، باک تیم را به آرامی در خیابان برفی هدایت کرد.

There was no energy or spirit in him or the dogs behind him.

هیچ انرژی یا روحی در او یا سگ‌های پشت سرش وجود نداشت.

They were dead tired from the start—there was no reserve left.

آنها از همان ابتدا کاملاً خسته بودند ـ دیگر نیروی ذخیره‌ای باقی نمانده بود.

Buck had made four trips between Salt Water and Dawson already.

باک تا آن موقع چهار بار بین سالت واتر و داوسون سفر کرده بود.

Now, faced with the same trail again, he felt nothing but bitterness.

حالا که دوباره با همان مسیر روبرو شده بود، چیزی جز تلخی احساس نمی‌کرد.

His heart was not in it, nor were the hearts of the other dogs.

نه دلش با این کار بود و نه دل سگ‌های دیگر.

The new dogs were timid, and the huskies lacked all trust.

سگ‌های جدید ترسو بودند و هاسکی‌ها هیچ اعتمادی نداشتند.

Buck sensed he could not rely on these two men or their sister.

باک احساس کرد که نمی‌تواند به این دو مرد یا خواهرشان تکیه کند.

They knew nothing and showed no signs of learning on the trail.

آنها هیچ چیز نمی‌دانستند و هیچ نشانه‌ای از یادگیری در مسیر نشان ندادند.

They were disorganized and lacked any sense of discipline.

آنها بی‌نظم بودند و هیچ نظم و انضباطی نداشتند.

It took them half the night to set up a sloppy camp each time.

هر بار نصف شب طول می‌کشید تا یک کمپ شلخته برپا کنند.

And half the next morning they spent fumbling with the sled again.

و نیمی از صبح روز بعد را دوباره به ور رفتن با سورتمه گذر اندند.

By noon, they often stopped just to fix the uneven load.

تا ظهر، آنها اغلب فقط برای تعمیر بار ناهموار توقف می‌کردند.

On some days, they traveled less than ten miles in total.

بعضی روزها، آنها در مجموع کمتر از ده مایل سفر می‌کردند.

Other days, they didn't manage to leave camp at all.

روزهای دیگر، آنها اصلاً موفق به ترک اردوگاه نشدند.

They never came close to covering the planned food-distance.

آنها هرگز به پوشش مسافت غذایی برنامه‌ریزی‌شده نزدیک هم نشدند.

As expected, they ran short on food for the dogs very quickly.

همانطور که انتظار می‌رفت، خیلی زود غذای سگ‌ها تمام شد.

They made matters worse by overfeeding in the early days.

آنها با تغذیه بیش از حد در روزهای اول، اوضاع را بدتر کردند.

This brought starvation closer with every careless ration.

این با هر جیره‌بندی بی‌دقت، گرسنگی را نزدیک‌تر می‌کرد.

The new dogs had not learned to survive on very little.

سگ‌های جدید یاد نگرفته بودند که با غذای بسیار کم زنده بمانند.

They ate hungrily, with appetites too large for the trail.

آنها با ولع غذا خوردند، اشتهایشان برای مسیر بیش از حد زیاد بود.

Seeing the dogs weaken, Hal believed the food wasn't enough.

هال با دیدن ضعف سگ‌ها، معتقد بود که غذا کافی نیست.

He doubled the rations, making the mistake even worse.

او جیره‌ها را دو برابر کرد و این اشتباه را بدتر کرد.

Mercedes added to the problem with tears and soft pleading.

مرسدس با اشک‌ها و التماس‌های ملایمش مشکل را پیچیده‌تر کرد.

When she couldn't convince Hal, she fed the dogs in secret.

وقتی نتوانست هال را متقاعد کند، مخفیانه به سگ‌ها غذا می‌داد.

She stole from the fish sacks and gave it to them behind his back.

او از کیسه‌های ماهی دزدید و پشت سر او به آنها داد.

But what the dogs truly needed wasn't more food—it was rest.

اما چیزی که سگ‌ها واقعاً به آن نیاز داشتند، غذای بیشتر نبود، بلکه استراحت بود.

They were making poor time, but the heavy sled still dragged on.

آنها به سختی راه می‌رفتند، اما سورتمه سنگین هنوز به جلو کشیده می‌شد.

That weight alone drained their remaining strength each day.

آن وزن به تنهایی هر روز نیروی باقی مانده آنها را تحلیل می‌برد.

Then came the stage of underfeeding as the supplies ran low.

سپس با کم شدن آذوقه، مرحله‌ی تغذیه‌ی ناکافی فرا رسید.

Hal realized one morning that half the dog food was already gone.

هال یک روز صبح متوجه شد که نیمی از غذای سگ تمام شده است.

They had only traveled a quarter of the total trail distance.

آنها فقط یک چهارم کل مسیر را طی کرده بودند.

No more food could be bought, no matter what price was offered.

دیگر هیچ غذایی قابل خرید نبود، فرقی نمی‌کرد چه قیمتی پیشنهاد شود.

He reduced the dogs' portions below the standard daily ration.

او سهم سگ‌ها را کمتر از جیره استاندارد روزانه کاهش داد.

At the same time, he demanded longer travel to make up for loss.

در عین حال، او خواستار سفرهای طولانی‌تر برای جبران خسارت شد.

Mercedes and Charles supported this plan, but failed in execution.

مرسدس و چارلز از این طرح حمایت کردند، اما در اجرا شکست خوردند.

Their heavy sled and lack of skill made progress nearly impossible.

سورتمه سنگین و فقدان مهارت آنها، پیشروی را تقریباً غیرممکن می‌کرد.

It was easy to give less food, but impossible to force more effort.

دادن غذای کمتر آسان بود، اما وادار کردن به تلاش بیشتر غیرممکن بود.

They couldn't start early, nor could they travel for extra hours.

آنها نه می‌توانستند زودتر شروع کنند و نه می‌توانستند برای ساعات اضافی سفر کنند.

They didn't know how to work the dogs, nor themselves, for that matter.

آنها نه می‌دانستند چطور با سگ‌ها کار کنند، و نه خودشان، در آن مورد.

The first dog to die was Dub, the unlucky but hardworking thief.

اولین سگی که مُرد، داب، دزد بدشانس اما سخت‌کوش بود.

Though often punished, Dub had pulled his weight without complaint.

اگرچه داب اغلب تنبیه می‌شد، اما بدون هیچ شکایتی بار مسئولیتش را به دوش می‌کشید.

His injured shoulder grew worse without care or needed rest.

شانه آسیب دیده او بدون مراقبت یا نیاز به استراحت، بدتر شد.

Finally, Hal used the revolver to end Dub's suffering.

سرانجام، هال از هفت‌تیر برای پایان دادن به رنج داب استفاده کرد.

A common saying claimed that normal dogs die on husky rations.

یک ضرب‌المثل رایج ادعا می‌کند که سگ‌های معمولی با جیره غذایی هاسکی می‌میرند.

Buck's six new companions had only half the husky's share of food.

شش همراه جدید باک فقط نصف سهم هاسکی از غذا را داشتند.

The Newfoundland died first, then the three short-haired pointers.

نیوفاندلند اول مُرد، بعد سه پوینتر مو کوتاه.

The two mongrels held on longer but finally perished like the rest.

آن دو سگ دورگه مدت بیشتری دوام آوردند اما سرانجام مانند بقیه از بین رفتند.

By this time, all the amenities and gentleness of the Southland were gone.

در این زمان، تمام امکانات رفاهی و لطافت سرزمین جنوبی از بین رفته بود.

The three people had shed the last traces of their civilized upbringing.

آن سه نفر آخرین نشانه‌های تربیت متمدنانه خود را از دست داده بودند.

Stripped of glamour and romance, Arctic travel became brutally real.

سفر به قطب شمال، عاری از زرق و برق و عاشقانه، به طرز وحشیانه‌ای واقعی شد.

It was a reality too harsh for their sense of manhood and womanhood.

این واقعیت برای حس مردانگی و زنانگی آنها بیش از حد خشن بود.

Mercedes no longer wept for the dogs, but now wept only for herself.

مرسدس دیگر برای سگ‌ها گریه نمی‌کرد، بلکه حالا فقط برای خودش گریه می‌کرد.

She spent her time crying and quarreling with Hal and Charles.

او وقتش را صرف گریه و دعوا با هال و چارلز کرد.

Quarreling was the one thing they were never too tired to do.

دعوا تنها کاری بود که آنها هرگز از انجام دادنش خسته نمی‌شدند.

Their irritability came from misery, grew with it, and surpassed it.

کج‌خلقی آنها از بدبختی ناشی می‌شد، با آن رشد می‌کرد و از آن پیشی می‌گرفت.

The patience of the trail, known to those who toil and suffer kindly, never came.

صبر و شکیبایی مسیر، که برای کسانی که زحمت می‌کشند و با مهربانی رنج می‌برند، شناخته شده است، هرگز فرا نرسید.

That patience, which keeps speech sweet through pain, was unknown to them.

آن صبری که در میان درد، سخن را شیرین نگه می‌دارد، برایشان ناشناخته بود.

They had no hint of patience, no strength drawn from suffering with grace.

آنها هیچ نشانه‌ای از صبر و شکیبایی نداشتند، هیچ قدرتی که از رنج کشیدن با ظرافت حاصل شود، در آنها دیده نمی‌شد.

They were stiff with pain—aching in their muscles, bones, and hearts.

آنها از درد خشکشان زده بود—درد در عضلات، استخوان‌ها و قلب‌هایشان.

Because of this, they grew sharp of tongue and quick with harsh words.

به همین دلیل، زبانشان تیز شد و سخنان تندی گفتند.

Each day began and ended with angry voices and bitter complaints.

هر روز با صداهای خشمگین و شکایت‌های تلخ شروع و پایان می‌یافت.

Charles and Hal wrangled whenever Mercedes gave them a chance.

چارلز و هال هر وقت مرسدس به آنها فرصتی می‌داد، با هم دعوا می‌کردند.

Each man believed he did more than his fair share of the work.

هر مرد معتقد بود که بیش از سهم عادلانه خود از کار، کار انجام داده است.

Neither ever missed a chance to say so, again and again.

نه هرگز فرصتی را برای گفتن این موضوع از دست نداد، بارها و بارها.

Sometimes Mercedes sided with Charles, sometimes with Hal.

گاهی اوقات مرسدس طرف چارلز را می‌گرفت، گاهی اوقات طرف هال را.

This led to a grand and endless quarrel among the three.

این منجر به یک دعوای بزرگ و بی‌پایان بین این سه نفر شد.

A dispute over who should chop firewood grew out of control.

اختلاف بر سر اینکه چه کسی باید هیزم بشکند، از کنترل خارج شد.

Soon, fathers, mothers, cousins, and dead relatives were named.

خیلی زود، پدران، مادران، پسرعموها و اقوام فوت شده نامگذاری شدند.

Hal's views on art or his uncle's plays became part of the fight.

دیدگاه‌های هال در مورد هنر یا نمایشنامه‌های عمویش بخشی از این دعوا شد.

Charles's political beliefs also entered the debate.

باورهای سیاسی چارلز نیز وارد بحث شد.

To Mercedes, even her husband's sister's gossip seemed relevant.

برای مرسدس، حتی شایعات خواهر شوهرش هم بی‌ربط به نظر می‌رسید.

She aired opinions on that and on many of Charles's family's flaws.

او در مورد آن و بسیاری از معایب خانواده چارلز نظرات خود را بیان کرد.

While they argued, the fire stayed unlit and camp half set.

در حالی که آنها بحث می‌کردند، آتش خاموش ماند و چادر نیمه‌کاره ماند.

Meanwhile, the dogs remained cold and without any food.

در همین حال، سگ‌ها سردشان بود و هیچ غذایی نداشتند.

Mercedes held a grievance she considered deeply personal.

مرسدس شکایتی داشت که آن را عمیقاً شخصی می‌دانست.

She felt mistreated as a woman, denied her gentle privileges.

او احساس می‌کرد که به عنوان یک زن با او بدرفتاری می‌شود، و از امتیازات لطیفش محروم می‌ماند.

She was pretty and soft, and used to chivalry all her life.

او زیبا و مهربان بود و تمام عمرش به جوانمردی عادت داشت.

But her husband and brother now treated her with impatience.

اما شوهر و برادرش حالا با بی‌صبری با او رفتار می‌کردند.

Her habit was to act helpless, and they began to complain.

عادت او این بود که درمانده رفتار کند، و آنها شروع به شکایت کردند.

Offended by this, she made their lives all the more difficult.

او که از این موضوع آزرده خاطر شده بود، زندگی آنها را دشوارتر کرد.

She ignored the dogs and insisted on riding the sled herself.

او سگ‌ها را نادیده گرفت و اصرار داشت که خودش سوار سورتمه شود.

Though light in looks, she weighed one hundred twenty pounds.

اگرچه ظاهری لاغر داشت، اما وزنش صد و بیست پوند بود.

That added burden was too much for the starving, weak dogs.

آن بار اضافی برای سگ‌های گرسنه و ضعیف خیلی زیاد بود.

Still, she rode for days, until the dogs collapsed in the reins.

با این حال، او روزها سوارکاری کرد، تا اینکه سگ‌ها در افسار از حال رفتند.

The sled stood still, and Charles and Hal begged her to walk.

سورتمه بی‌حرکت ایستاد و چارلز و هال از او التماس کردند که راه برود.

They pleaded and entreated, but she wept and called them cruel.

آنها التماس و التماس کردند، اما او گریه کرد و آنها را ظالم خواند.

On one occasion, they pulled her off the sled with sheer force and anger.

یک بار، آنها او را با زور و خشم محض از سورتمه پایین کشیدند.

They never tried again after what happened that time.

آنها بعد از اتفاقی که آن بار افتاد، دیگر هرگز تلاش نکردند.

She went limp like a spoiled child and sat in the snow.

مثل بچه‌ای لوس، بی‌حرکت روی برف‌ها نشست.

They moved on, but she refused to rise or follow behind.

آنها به راه خود ادامه دادند، اما او حاضر نشد بلند شود یا پشت سرشان برود.

After three miles, they stopped, returned, and carried her back.

بعد از سه مایل، آنها توقف کردند، برگشتند و او را به عقب حمل کردند.

They reloaded her onto the sled, again using brute strength.

آنها دوباره او را با استفاده از نیروی بی‌امانشان روی سورتمه گذاشتند.

In their deep misery, they were callous to the dogs' suffering.

در بدبختی عمیق خود، نسبت به رنج سگ‌ها بی‌رحم بودند.

Hal believed one must get hardened and forced that belief on others.

هال معتقد بود که باید سرسخت شد و این باور را به دیگران تحمیل کرد.

He first tried to preach his philosophy to his sister

او ابتدا سعی کرد فلسفه خود را برای خواهرش موعظه کند

and then, without success, he preached to his brother-in-law.

و سپس، بدون موفقیت، برای برادر همسرش موعظه کرد.

He had more success with the dogs, but only because he hurt them.

او با سگ‌ها موفقیت بیشتری داشت، اما فقط به این دلیل که به آنها آسیب رسانده بود.

At Five Fingers, the dog food ran out of food completely.

در رستوران فایو فینگرز، غذای سگ کاملاً تمام شد.

A toothless old squaw sold a few pounds of frozen horse-hide

یک زن سفیدپوست پیر و بی‌دندان چند پوند پوست اسب یخزده فروخت

Hal traded his revolver for the dried horse-hide.

هال تپانچه‌اش را با پوست خشک اسب عوض کرد.

The meat had come from starved horses of cattlemen months before.

این گوشت ماه‌ها قبل از اسب‌های گرسنه‌ی گله‌داران تهیه شده بود.

Frozen, the hide was like galvanized iron; tough and inedible.

پوست یخزده مثل آهن گالوانیزه شده بود؛ سفت و غیرقابل خوردن.

The dogs had to chew endlessly at the hide to eat it.

سگ‌ها مجبور بودند برای خوردن پوست، بی‌وقفه آن را بجوند.

But the leathery strings and short hair were hardly nourishment.

اما آن تارهای چرمی و موهای کوتاه به سختی می‌توانستند مغذی باشند.

Most of the hide was irritating, and not food in any true sense.

بیشتر پوست آزاردهنده بود، و به هیچ وجه غذا نبود.

And through it all, Buck staggered at the front, like in a nightmare.

و در تمام این مدت، باک مثل یک کابوس، در جلو تلوتلو می‌خورد.

He pulled when able; when not, he lay until whip or club raised him.

وقتی می‌توانست، خود را می‌کشید؛ وقتی نمی‌توانست، دراز می‌کشید تا شلاق یا چماق او را بلند کند.

His fine, glossy coat had lost all stiffness and sheen it once had.

پوشش ظریف و براقش تمام سفتی و درخشندگی سابقش را از دست داده بود.

His hair hung limp, draggled, and clotted with dried blood from the blows.

موهایش شل و ول، کشیده و خون خشک شده‌ی ناشی از ضربات، لخته شده بود.

His muscles shrank to cords, and his flesh pads were all worn away.

عضلاتش مثل طناب منقبض شدند و تمام بالشتک‌های گوشتش ساییده شدند.

Each rib, each bone showed clearly through folds of wrinkled skin.

هر دنده، هر استخوان به وضوح از زیر چین و چروک‌های پوست نمایان بود.

It was heartbreaking, yet Buck's heart could not break.

دلخراش بود، اما قلب باک نمی‌توانست بشکند.

The man in the red sweater had tested that and proved it long ago.

مرد با ژاکت قرمز مدت‌ها پیش این را آزمایش و ثابت کرده بود.

As it was with Buck, so it was with all his remaining teammates.

همانطور که برای باک اتفاق افتاد، برای تمام همتیمی‌های باقی‌مانده‌اش هم همینطور بود.

There were seven in total, each one a walking skeleton of misery.

در مجموع هفت نفر بودند، هر کدام اسکلت متحرکی از بدبختی.

They had grown numb to lash, feeling only distant pain.

آنها بی‌حس شده بودند و فقط درد دوری را حس می‌کردند.

Even sight and sound reached them faintly, as through a thick fog.

حتی بینایی و شنوایی هم به سختی به آنها می‌رسید، انگار از میان مه غلیظی.

They were not half alive—they were bones with dim sparks inside.

آنها نیمه جان نبودند ـ استخوان هایی بودند با جرقه های کم نور در درونشان.

When stopped, they collapsed like corpses, their sparks almost gone.

وقتی متوقف می‌شدند، مثل جسد از حال می‌رفتند، جرقه‌هایشان تقریباً از بین رفته بود.

And when the whip or club struck again, the sparks fluttered weakly.

و وقتی شلاق یا چماق دوباره زده می‌شد، جرقه‌ها به آرامی می‌لرزیدند.

Then they rose, staggered forward, and dragged their limbs ahead.

سپس بلند شدند، تلوتلوخوران به جلو رفتند و دست و پایشان را به جلو کشیدند.

One day kind Billee fell and could no longer rise at all.

روزی بیلیِ مهربان زمین خورد و دیگر نتوانست بلند شود.

Hal had traded his revolver, so he used an axe to kill Billee instead.

هال هفت‌تیرش را فروخته بود، بنابراین در عوض از تبر برای کشتن بیلی استفاده کرد.

He struck him on the head, then cut his body free and dragged it away.

او به سر او کوبید، سپس بدنش را آزاد کرد و آن را کشید و با خود برد.

Buck saw this, and so did the others; they knew death was near.

باک این را دید، و دیگران هم همینطور؛ آنها می‌دانستند که مرگ نزدیک است.

Next day Koona went, leaving just five dogs in the starving team.

روز بعد کونا رفت و فقط پنج سگ را در تیم گرسنه باقی گذاشت.

Joe, no longer mean, was too far gone to be aware of much at all.

جو، که دیگر بدجنس نبود، آنقدر از کوره در رفته بود که اصلاً از خیلی چیزها خبر نداشت.

Pike, no longer faking his injury, was barely conscious.

پایک که دیگر تظاهر به مصدومیت نمی‌کرد، به سختی هوشیار بود.

Solleks, still faithful, mourned he had no strength to give.

سولکس، که هنوز وفادار بود، سوگواری می‌کرد که دیگر توانی برای بخشش ندارد.

Teek was beaten most because he was fresher, but fading fast.

تیک بیشتر مورد ضرب و شتم قرار گرفت زیرا او تازه نفس تر بود، اما به سرعت در حال محو شدن بود.

And Buck, still in the lead, no longer kept order or enforced it.

و باک، که هنوز رهبری را در دست داشت، دیگر نه نظم را رعایت می‌کرد و نه آن را اجرا می‌کرد.

Half blind with weakness, Buck followed the trail by feel alone.

باک که از ضعف، نیمه‌بیدار بود، به تنهایی و با احساس امنیت، ردپا را دنبال کرد.

It was beautiful spring weather, but none of them noticed it.

هوای بهاری زیبایی بود، اما هیچ کدام از آنها متوجه آن نشدند.

Each day the sun rose earlier and set later than before.

هر روز خورشید زودتر از قبل طلوع می‌کرد و دیرتر از قبل غروب می‌کرد.

By three in the morning, dawn had come; twilight lasted till nine.

ساعت سه بامداد، سپیده دمیده بود؛ گرگ و میش تا ساعت نه ادامه داشت.

The long days were filled with the full blaze of spring sunshine.

روزهای طولانی پر از درخشش کامل آفتاب بهاری بود.

The ghostly silence of winter had changed into a warm murmur.

سکوت شبح‌وار زمستان به زمزمه‌ای گرم تبدیل شده بود.

All the land was waking, alive with the joy of living things.

تمام سرزمین از خواب بیدار می‌شد، زنده و سرزنده از شادی موجودات زنده.

The sound came from what had lain dead and still through winter.

صدا از چیزی می‌آمد که در طول زمستان مرده و بی‌حرکت مانده بود.

Now, those things moved again, shaking off the long frost sleep.

حالا، آن چیزها دوباره حرکت کردند و از خواب طولانی یخبندان بیرون آمدند.

Sap was rising through the dark trunks of the waiting pine trees.

شیره درخت کاج از میان تنه‌های تیره درختان کاجِ منتظر، بالا می‌آمد.

Willows and aspens burst out bright young buds on each twig.

بیدها و صنوبرها جوانه‌های جوان و درخشانی را روی هر شاخه شکوفا می‌کنند.

Shrubs and vines put on fresh green as the woods came alive.

با زنده شدن جنگل، بوته‌ها و تاک‌ها سبزه تازه‌ای به تن کردند.

Crickets chirped at night, and bugs crawled in daylight sun.

شب‌ها جیرجیرک‌ها جیک‌جیک می‌کردند و حشرات در آفتاب روز می‌خزیدند.

Partridges boomed, and woodpeckers knocked deep in the trees.

کبک‌ها غریدند و دارکوب‌ها در اعماق درختان نقب زدند.

Squirrels chattered, birds sang, and geese honked over the dogs.

سنجاب‌ها جیک‌جیک می‌کردند، پرندگان آواز می‌خواندند و غازها بوق می‌زدند تا صدای سگ‌ها را نشنوند.

The wild-fowl came in sharp wedges, flying up from the south.

مرغان وحشی دسته دسته از جنوب به سمت بالا پرواز می‌کردند.

From every hillside came the music of hidden, rushing streams.

از هر دامنه تپه‌ای، موسیقی جویبارهای پنهان و خروشان می‌آمد.

All things thawed and snapped, bent and burst back into motion.

همه چیز ذوب شد و شکست، خم شد و دوباره به حرکت درآمد.

The Yukon strained to break the cold chains of frozen ice.

یوکان برای شکستن زنجیرهای سرد یخ منجمد، تقلا می‌کرد.

The ice melted underneath, while the sun melted it from above.

یخ از زیر آب می‌شد، در حالی که خورشید از بالا آن را ذوب می‌کرد.

Air-holes opened, cracks spread, and chunks fell into the river.

سوراخ‌های هوا باز شدند، ترک‌ها گسترش یافتند و تکه‌هایی از آنها به درون رودخانه افتادند.

Amid all this bursting and blazing life, the travelers staggered.

در میان این همه زندگی پرجنب‌وجوش و شعله‌ور، مسافران تلوتلو می‌خوردند.

Two men, a woman, and a pack of huskies walked like the dead.

دو مرد، یک زن و یک گله سگ هاسکی مثل مرده‌ها راه می‌رفتند.

The dogs were falling, Mercedes wept, but still rode the sled.

سگ‌ها داشتند می‌افتادند، مرسدس گریه می‌کرد، اما همچنان سورتمه را می‌راند.

Hal cursed weakly, and Charles blinked through watering eyes.

هال با لحنی ضعیف فحش داد و چارلز با چشمانی اشک‌آلود پلک زد.

They stumbled into John Thornton's camp by White River's mouth.

آنها در دهانه رودخانه وایت ریور به اردوگاه جان تورنتون برخوردند.

When they stopped, the dogs dropped flat, as if all struck dead.

وقتی ایستادند، سگ‌ها بی‌حرکت افتادند، انگار که همگی مرده بودند.

Mercedes wiped her tears and looked across at John Thornton.

مرسدس اشک‌هایش را پاک کرد و به جان تورنتون نگاه کرد.

Charles sat on a log, slowly and stiffly, aching from the trail.

چارلز روی کنده‌ای نشست، آهسته و خشک، و از رد پا درد می‌کشید.

Hal did the talking as Thornton carved the end of an axe-handle.

در حالی که تورنتون انتهای دسته‌ی یک تبر را می‌تراشید، هال صحبت می‌کرد.

He whittled birch wood and answered with brief, firm replies.

او چوب توس را تراشید و با پاسخ‌های کوتاه و قاطع پاسخ داد.

When asked, he gave advice, certain it wasn't going to be followed.

وقتی از او پرسیده شد، نصیحتی کرد، مطمئن بود که کسی به آن عمل نخواهد کرد.

Hal explained, "They told us the trail ice was dropping out."

هال توضیح داد: «به ما گفتند که یخ مسیر در حال فرو ریختن است.»

"They said we should stay put—but we made it to White River."

گفتند باید همانجا بمانیم—اما ما به وایت ریور رسیدیم»-«

He ended with a sneering tone, as if to claim victory in hardship.

او با لحنی تمسخرآمیز حرفش را تمام کرد، انگار که می‌خواست در سختی‌ها ادعای پیروزی کند.

"And they told you true," John Thornton answered Hal quietly.

جان تورنتون به آرامی به هال پاسخ داد: «و آنها به تو راست گفتند.»

"The ice may give way at any moment—it's ready to drop out."

یخ هر لحظه ممکن است فرو بریزد - آماده‌ی ریزش است»-«

"Only blind luck and fools could have made it this far alive."

فقط شانس کور و احمق‌ها می‌توانستند تا اینجا زنده بمانند»-«

"I tell you straight, I wouldn't risk my life for all Alaska's gold."

راستش را بخواهی، من جانم را برای تمام طلای آلاسکا به خطر نمی‌اندازم-«

"That's because you're not a fool, I suppose," Hal answered.

هال پاسخ داد: «فکر کنم به این خاطر است که تو احمق نیستی-«

"All the same, we'll go on to Dawson." He uncoiled his whip.

با این حال، ما به داوسون می‌رویم»شلاقش را باز کرد-«

"Get up there, Buck! Hi! Get up! Go on!" he shouted harshly.

«با صدای خشن فریاد زد: «برو بالا، باک سلام بلند شو ادامه بده

Thornton kept whittling, knowing fools won't hear reason.

تورنتون همچنان به تراشیدن ادامه می‌داد، چون می‌دانست احمق‌ها حرف منطقی را نمی‌شنوند.

To stop a fool was futile—and two or three fooled changed nothing.

متوقف کردن یک احمق بیهوده بود ـ و دو یا سه احمق چیزی را تغییر نمی‌دادند.

But the team didn't move at the sound of Hal's command.

اما تیم با شنیدن فرمان هال تکان نخورد.

By now, only blows could make them rise and pull forward.

حالا دیگر فقط ضربات می‌توانستند آنها را بلند کنند و به جلو بکشند.

The whip snapped again and again across the weakened dogs.

شلاق بارها و بارها بر سر سگ‌های ضعیف کوبیده شد.

John Thornton pressed his lips tightly and watched in silence.

جان تورنتون لب‌هایش را محکم به هم فشرد و در سکوت تماشا کرد.

Solleks was the first to crawl to his feet under the lash.

سولکس اولین کسی بود که زیر شلاق روی پاهایش خزید.

Then Teek followed, trembling. Joe yelped as he stumbled up.

سپس تیک، لرزان، به دنبالش رفت ـ جو در حالی که تلوتلو می‌خورد، فریاد زد.

Pike tried to rise, failed twice, then finally stood unsteadily.

پایک سعی کرد بلند شود، دو بار شکست خورد، و سرانجام لرزان ایستاد.

But Buck lay where he had fallen, not moving at all this time.

اما باک همان جایی که افتاده بود، دراز کشیده بود و این بار اصلاً تکان نخورد.

The whip slashed him over and over, but he made no sound.

شلاق بارها و بارها به او ضربه می‌زد، اما او هیچ صدایی از خود در نمی‌آورد.

He did not flinch or resist, simply remained still and quiet.

او نه جا خورد و نه مقاومت کرد، بلکه فقط ساکت و بی‌حرکت ماند.

Thornton stirred more than once, as if to speak, but didn't.

تورنتون بیش از یک بار تکان خورد، انگار که می‌خواست حرفی بزند، اما حرفی نزد.

His eyes grew wet, and still the whip cracked against Buck.

چشمانش خیس شد و شلاق همچنان بر باک می‌کوبید.

At last, Thornton began pacing slowly, unsure of what to do.

بالاخره تورنتون شروع به قدم زدن آهسته کرد، مطمئن نبود چه کار کند.

It was the first time Buck had failed, and Hal grew furious.

این اولین باری بود که باک شکست می‌خورد و هال خشمگین شد.

He threw down the whip and picked up the heavy club instead.

شلاق را زمین انداخت و به جای آن چماق سنگین را برداشت.

The wooden club came down hard, but Buck still did not rise to move.

چماق چوبی محکم فرود آمد، اما باک هنوز بلند نشد تا تکان بخورد.

Like his teammates, he was too weak — but more than that.

او هم مثل همتیمی‌هایش خیلی ضعیف بود—اما چیزی فراتر از این.

Buck had decided not to move, no matter what came next.

باک تصمیم گرفته بود که فارغ از هر اتفاقی که قرار است بیفتد، تکان نخورد.

He felt something dark and certain hovering just ahead.

احساس کرد چیزی تاریک و مطمئن درست در مقابلش معلق است.

That dread had seized him as soon as he reached the riverbank.

به محض اینکه به ساحل رودخانه رسید، آن وحشت او را فرا گرفته بود.

The feeling had not left him since he felt the ice thin under his paws.

این احساس از وقتی که یخ نازک را زیر پنجه‌هایش حس کرد، رهایش نکرده بود.

Something terrible was waiting — he felt it just down the trail.

چیزی وحشتناک در انتظارش بود - او این را درست در انتهای مسیر حس کرد.

He wasn't going to walk towards that terrible thing ahead

او قصد نداشت به سمت آن چیز وحشتناک پیش رو برود

He was not going to obey any command that took him to that thing.

او قرار نبود از هیچ دستوری که او را به آن چیز می‌رساند، اطاعت کند.

The pain of the blows hardly touched him now — he was too far gone.

درد ضربات حالا دیگر به سختی او را لمس می‌کرد - او خیلی از حال رفته بود.

The spark of life flickered low, dimmed beneath each cruel strike.

جرقه‌ی زندگی سوسو می‌زد و در زیر هر ضربه‌ی بی‌رحمانه، کم‌فروغ می‌شد.

His limbs felt distant; his whole body seemed to belong to another.

اعضای بدنش از هم دور بودند؛ انگار تمام بدنش متعلق به دیگری بود.

He felt a strange numbness as the pain faded out completely.

وقتی درد کاملاً از بین رفت، احساس بی‌حسی عجیبی کرد.

From far away, he sensed he was being beaten, but barely knew.

از دور، حس می‌کرد که دارند کتکش می‌زنند، اما به زحمت متوجه می‌شد.

He could hear the thuds faintly, but they no longer truly hurt.

او می‌توانست صدای ضربات را به طور ضعیفی بشنود، اما دیگر واقعاً دردناک نبودند.

The blows landed, but his body no longer seemed like his own.

ضربات فرود می‌آمدند، اما بدنش دیگر شبیه بدن خودش نبود.

Then suddenly, without warning, John Thornton gave a wild cry.

سپس ناگهان، بدون هیچ هشداری، جان تورنتون فریاد وحشیانه‌ای سر داد.

It was inarticulate, more the cry of a beast than of a man.

نامفهوم بود، بیشتر به فریاد یک حیوان شباهت داشت تا یک انسان.

He leapt at the man with the club and knocked Hal backward.

او به سمت مردی که چماق به دست داشت پرید و هال را به عقب پرت کرد.

Hal flew as if struck by a tree, landing hard upon the ground.

هال طوری پرواز کرد که انگار درختی به او خورده باشد و محکم روی زمین فرود آمد.

Mercedes screamed aloud in panic and clutched at her face.

مرسدس با وحشت فریاد بلندی زد و صورتش را گرفت.

Charles only looked on, wiped his eyes, and stayed seated.

چارلز فقط نگاه کرد، اشک‌هایش را پاک کرد و همان‌جا نشست.

His body was too stiff with pain to rise or help in the fight.

بدنش از درد بیش از حد خشک شده بود که بتواند بلند شود یا در مبارزه کمکی کند.

Thornton stood over Buck, trembling with fury, unable to speak.

تورنتون بالای سر باک ایستاده بود، از خشم می‌لرزید و قادر به صحبت نبود.

He shook with rage and fought to find his voice through it.

از خشم می‌لرزید و تقلا می‌کرد تا صدایش را از میان آن بیرون بکشد.

"If you strike that dog again, I'll kill you," he finally said.

بالاخره گفت: «اگر دوباره آن سگ را بزنی، تو را می‌کشم.»

Hal wiped blood from his mouth and came forward again.

هال خون را از دهانش پاک کرد و دوباره جلو آمد.

"It's my dog," he muttered. "Get out of the way, or I'll fix you."

زیر لب غرغر کرد: «این سگ منه. از سر راهم برو کنار، وگرنه درستت می‌کنم.»

"I'm going to Dawson, and you're not stopping me," he added.

او اضافه کرد: «من دارم می‌رم داوسون، و تو نمی‌تونی جلومو بگیری.»

Thornton stood firm between Buck and the angry young man.

تورنتون محکم بین باک و مرد جوان عصبانی ایستاده بود.

He had no intention of stepping aside or letting Hal pass.

او اصلاً قصد نداشت کنار بکشد یا اجازه دهد هال از او بگذرد.

Hal pulled out his hunting knife, long and dangerous in hand.

هال چاقوی شکاری بلند و خطرناکش را بیرون کشید.

Mercedes screamed, then cried, then laughed in wild hysteria.

مرسدس جیغ کشید، بعد گریه کرد، و بعد با هیجان وصف‌ناپذیری خندید.

Thornton struck Hal's hand with his axe-handle, hard and fast.

تورنتون با دسته تبرش محکم و سریع به دست هال کوبید.

The knife was knocked loose from Hal's grip and flew to the ground.

چاقو از دست هال افتاد و به زمین افتاد.

Hal tried to pick the knife up, and Thornton rapped his knuckles again.

هال سعی کرد چاقو را بردارد، و تورنتون دوباره به بند انگشتانش ضربه زد.

Then Thornton stooped down, grabbed the knife, and held it.

سپس تورنتون خم شد، چاقو را قاپید و نگه داشت.

With two quick chops of the axe-handle, he cut Buck's reins.

با دو ضربه سریع دسته تبر، افسار باک را برید.

Hal had no fight left in him and stepped back from the dog.

هال دیگر توانی برای مبارزه نداشت و از سگ فاصله گرفت.

Besides, Mercedes needed both arms now to keep her upright.

گذشته از این، مرسدس حالا برای صاف نگه داشتن خودش به هر دو دستش نیاز داشت.

Buck was too near death to be of use for pulling a sled again.

باک آنقدر در آستانه‌ی مرگ بود که دیگر نمی‌توانست برای کشیدن سورتمه مفید باشد.

A few minutes later, they pulled out, heading down the river.

چند دقیقه بعد، آنها از ماشین پیاده شدند و به سمت پایین رودخانه رفتند.

Buck raised his head weakly and watched them leave the bank.

باک با ناتوانی سرش را بلند کرد و تماشایشان کرد که از بانک خارج شدند.

Pike led the team, with Solleks at the rear in the wheel spot.

پایک رهبری تیم را بر عهده داشت و سولکس در جایگاه فرمان در عقب قرار داشت.

Joe and Teek walked between, both limping with exhaustion.

جو و تیک در حالی که هر دو از خستگی می‌لنگیدند، بین آنها راه می‌رفتند.

Mercedes sat on the sled, and Hal gripped the long gee-pole.

مرسدس روی سورتمه نشست و هال میله بلند جی-میله را محکم گرفت.

Charles stumbled behind, his steps clumsy and uncertain.

چارلز با قدم‌های نامطمئن و ناشیانه، تلوتلوخوران عقب ماند.

Thornton knelt by Buck and gently felt for broken bones.

تورنتون کنار باک زانو زد و به آرامی استخوان‌های شکسته را لمس کرد.

His hands were rough but moved with kindness and care.

دستانش زمخت اما با مهربانی و مراقبت حرکت می‌کردند.

Buck's body was bruised but showed no lasting injury.

بدن باک کبود شده بود اما هیچ جراحت ماندگاری نشان نمی‌داد.

What remained was terrible hunger and near-total weakness.

آنچه باقی مانده بود گرسنگی وحشتناک و ضعف تقریباً کامل بود.

By the time this was clear, the sled had gone far downriver.

وقتی این موضوع روشن شد، سورتمه خیلی به سمت پایین رودخانه رفته بود.

Man and dog watched the sled slowly crawl over the cracking ice.

مرد و سگ، سورتمه را تماشا می‌کردند که به آرامی روی یخ‌های ترک‌خورده می‌خزید.

Then, they saw the sled sink down into a hollow.

سپس، آنها دیدند که سورتمه در گودالی فرو رفت.

The gee-pole flew up, with Hal still clinging to it in vain.

تیر برق به هوا رفت، در حالی که هال هنوز بیهوده به آن چسبیده بود.

Mercedes's scream reached them across the cold distance.

فریاد مرسدس از میان سرمای هوا به گوششان رسید.

Charles turned and stepped back—but he was too late.

چارلز برگشت و قدمی به عقب برداشت ـ اما خیلی دیر شده بود.

A whole ice sheet gave way, and they all dropped through.

یک لایه کامل یخ شکست و همه آنها از آن پایین افتادند.

Dogs, sled, and people vanished into the black water below.

سگ‌ها، سورتمه و آدم‌ها در آب سیاه پایین ناپدید شدند.

Only a wide hole in the ice was left where they had passed.

تنها یک سوراخ پهن در یخ، جایی که از آن عبور کرده بودند، باقی مانده بود.

The trail's bottom had dropped out—just as Thornton warned.

همانطور که تورنتون هشدار داده بود، کف مسیر فرو ریخته بود.

Thornton and Buck looked at one another, silent for a moment.

تورنتون و باک لحظه‌ای ساکت به یکدیگر نگاه کردند.

"You poor devil," said Thornton softly, and Buck licked his hand.

تورنتون به آرامی گفت: «ای شیطان بیچاره‌و باک دستش را لیس زد».

For the Love of a Man
به خاطر عشق یک مرد

John Thornton froze his feet in the cold of the previous December.

جان تورنتون در سرمای دسامبر گذشته پاهایش یخ زد.

His partners made him comfortable and left him to recover alone.

شرکایش او را راحت گذاشتند و گذاشتند تا به تنهایی بهبود یابد.

They went up the river to gather a raft of saw-logs for Dawson.

آنها از رودخانه بالا رفتند تا برای داوسون کلی الوار جمع کنند.

He was still limping slightly when he rescued Buck from death.

وقتی باک را از مرگ نجات داد، هنوز کمی می‌لنگید.

But with warm weather continuing, even that limp disappeared.

اما با ادامه‌ی هوای گرم، حتی آن لنگیدن هم ناپدید شد.

Lying by the riverbank during long spring days, Buck rested.

باک در روزهای بلند بهاری کنار رودخانه دراز می‌کشید و استراحت می‌کرد.

He watched the flowing water and listened to birds and insects.

او به آب روان نگاه می‌کرد و به صدای پرندگان و حشرات گوش می‌داد.

Slowly, Buck regained his strength under the sun and sky.

باک به آرامی زیر نور خورشید و آسمان، قدرتش را بازیافت.

A rest felt wonderful after traveling three thousand miles.

استراحت بعد از طی کردن سه هزار مایل حس فوق‌العاده‌ای داشت.

Buck became lazy as his wounds healed and his body filled out.

باک با بهبود زخم‌هایش و پر شدن بدنش، تنبل شد.

His muscles grew firm, and flesh returned to cover his bones.

عضلاتش سفت شدند و گوشت دوباره روی استخوان‌هایش را پوشاند.

They were all resting—Buck, Thornton, Skeet, and Nig.

همه آنها در حال استراحت بودند ـ باک، تورنتون، اسکیت و نیگ.

They waited for the raft that was going to carry them down
to Dawson.

آنها منتظر قایقی بودند که قرار بود آنها را به داوسون ببرد.

Skeet was a small Irish setter who made friends with Buck.

اسکیت یک سگ کوچک ایرلندی بود که با باک دوست شد.

Buck was too weak and ill to resist her at their first meeting.

باک در اولین ملاقاتشان بیش از حد ضعیف و بیمار بود که بتواند در
برابر او مقاومت کند.

Skeet had the healer trait that some dogs naturally possess.

اسکیت ویژگی شفابخشی داشت که برخی از سگ‌ها به طور طبیعی از آن
برخوردارند.

Like a mother cat, she licked and cleaned Buck's raw
wounds.

مثل یک گربه مادر، زخم‌های زخم‌شده‌ی باک را لیس زد و تمیز کرد.

Every morning after breakfast, she repeated her careful
work.

هر روز صبح بعد از صبحانه، کار دقیق خود را تکرار می‌کرد.

Buck came to expect her help as much as he did Thornton's.

باک به همان اندازه که از تورنتون انتظار کمک داشت، از او هم انتظار
کمک داشت.

Nig was friendly too, but less open and less affectionate.

نیگ هم دوستانه رفتار می‌کرد، اما نه رک و نه مهربان.

Nig was a big black dog, part bloodhound and part
deerhound.

نیگ یک سگ سیاه بزرگ بود، نیمی از آن سگ شکاری و نیمی دیگر
سگ شکاری.

He had laughing eyes and endless good nature in his spirit.

چشمانی خندان و روحی بی‌پایان از نیکی داشت.

To Buck's surprise, neither dog showed jealousy toward
him.

باک در کمال تعجب دید که هیچ‌کدام از سگ‌ها نسبت به او حسادتی نشان
ندادند.

Both Skeet and Nig shared the kindness of John Thornton.

هم اسکیت و هم نیگ مهربانی جان تورنتون را به اشتراک گذاشتند.

As Buck got stronger, they lured him into foolish dog games.

همینطور که باک قوی‌تر می‌شد، آنها او را به بازی‌های احمقانه‌ی سگ‌ها می‌کشاندند.

Thornton often played with them too, unable to resist their joy.

تورنتون هم اغلب با آنها بازی می‌کرد، و نمی‌توانست در برابر شادی آنها مقاومت کند.

In this playful way, Buck moved from illness to a new life.

با این روش بازیگوشانه، باک از بیماری به زندگی جدیدی روی آورد.

Love—true, burning, and passionate love—was his at last.

عشق - عشق حقیقی، سوزان و پرشور - سرانجام از آن او شد.

He had never known this kind of love at Miller's estate.

او هرگز این نوع عشق را در ملک میلر تجربه نکرده بود.

With the Judge's sons, he had shared work and adventure.

او با پسران قاضی، کار و ماجراجویی را به اشتراک گذاشته بود.

With the grandsons, he saw stiff and boastful pride.

در کنار نوه‌ها، او غرور و تکبر متکبرانه‌ای را دید.

With Judge Miller himself, he had a respectful friendship.

با خود قاضی میلر، او دوستی محترمانه‌ای داشت.

But love that was fire, madness, and worship came with Thornton.

اما عشقی که آتش، جنون و پرستش بود، با تورنتون از راه رسید.

This man had saved Buck's life, and that alone meant a great deal.

این مرد جان باک را نجات داده بود، و همین به تنهایی معنای زیادی داشت.

But more than that, John Thornton was the ideal kind of master.

اما فراتر از آن، جان تورنتون نمونه‌ی ایده‌آلی از یک استاد بود.

Other men cared for dogs out of duty or business necessity.

مردان دیگر از روی وظیفه یا ضرورت کاری از سگ‌ها مراقبت می‌کردند.

John Thornton cared for his dogs as if they were his children.

جان تورنتون از سگ‌هایش طوری مراقبت می‌کرد که انگار فرزندانش بودند.

He cared for them because he loved them and simply could not help it.
او از آنها مراقبت می‌کرد چون آنها را دوست داشت و نمی‌توانست کاری از دستش بربیاید.
John Thornton saw even further than most men ever managed to see.
جان تورنتون حتی فراتر از آنچه اکثر انسان‌ها تا به حال دیده‌اند، می‌دید.
He never forgot to greet them kindly or speak a cheering word.
او هرگز فراموش نمی‌کرد که با مهربانی به آنها سلام کند یا کلمه‌ای دلگرم‌کننده بگوید.
He loved sitting down with the dogs for long talks, or "gassy," as he said.
او عاشق نشستن با سگ‌ها برای صحبت‌های طولانی یا به قول خودش گُنده‌دار «بود».
He liked to seize Buck's head roughly between his strong hands.
او دوست داشت سر باک را با خشونت بین دستان قوی‌اش بگیرد.
Then he rested his own head against Buck's and shook him gently.
سپس سرش را به سر باک تکیه داد و او را به آرامی تکان داد.
All the while, he called Buck rude names that meant love to Buck.
در تمام این مدت، او باک را با القاب رکیکی صدا می‌زد که برای باک به معنای عشق بود.
To Buck, that rough embrace and those words brought deep joy.
برای باک، آن آغوش خشن و آن کلمات شادی عمیقی به ارمغان آورد.
His heart seemed to shake loose with happiness at each movement.
با هر حرکت، انگار قلبش از شادی می‌لرزید.
When he sprang up afterward, his mouth looked like it laughed.
وقتی بعدش از جا پرید، دهانش طوری به نظر می‌رسید که انگار می‌خندد.
His eyes shone brightly and his throat trembled with unspoken joy.

چشمانش برق می‌زد و گلویش از شادی ناگفته‌ای می‌لرزید.

His smile stood still in that state of emotion and glowing affection.

لبخندش در آن حالت تأثر و محبت درخشان، بی‌حرکت ماند.

Then Thornton exclaimed thoughtfully, "God! he can almost speak!"

سپس تورنتون با حالتی متفکرانه فریاد زد: «خدایا او تقریباً می‌تواند صحبت کند»

Buck had a strange way of expressing love that nearly caused pain.

باک روش عجیبی برای ابراز عشق داشت که تقریباً باعث درد می‌شد.

He often griped Thornton's hand in his teeth very tightly.

او اغلب دست تورنتون را محکم با دندان‌هایش می‌فشرد.

The bite was going to leave deep marks that stayed for some time after.

جای نیش، رد عمیقی از خود به جا گذاشت که تا مدتی بعد هم باقی ماند.

Buck believed those oaths were love, and Thornton knew the same.

باک معتقد بود که آن سوگندها عشق هستند، و تورنتون هم همین را می‌دانست.

Most often, Buck's love showed in quiet, almost silent adoration.

بیشتر اوقات، عشق باک در ستایشی آرام و تقریباً خاموش نشان داده می‌شد.

Though thrilled when touched or spoken to, he did not seek attention.

اگرچه وقتی کسی او را لمس می‌کرد یا با او صحبت می‌کرد، هیجان‌زده می‌شد، اما دنبال جلب توجه نبود.

Skeet nudged her nose under Thornton's hand until he petted her.

اسکیت بینی‌اش را زیر دست تورنتون تکان داد تا اینکه تورنتون او را نوازش کرد.

Nig walked up quietly and rested his large head on Thornton's knee.

نیگ آرام جلو آمد و سر بزرگش را روی زانوی تورنتون گذاشت.

Buck, in contrast, was satisfied to love from a respectful distance.

در مقابل، باک از عشق ورزیدن از فاصله‌ای محترمانه راضی بود.

He lied for hours at Thornton's feet, alert and watching closely.

او ساعت‌ها، هوشیار و با دقت، کنار تورنتون دراز کشیده بود و اوضاع را زیر نظر داشت.

Buck studied every detail of his master's face and slightest motion.

باک تمام جزئیات صورت و کوچکترین حرکات اربابش را بررسی کرد.

Or lied farther away, studying the man's shape in silence.

یا دورتر دراز می‌کشید و در سکوت، هیکل مرد را بررسی می‌کرد.

Buck watched each small move, each shift in posture or gesture.

باک هر حرکت کوچک، هر تغییر در حالت یا ژست را زیر نظر داشت.

So powerful was this connection that often pulled Thornton's gaze.

این ارتباط آنقدر قوی بود که اغلب نگاه تورنتون را به خود جلب می‌کرد.

He met Buck's eyes with no words, love shining clearly through.

او بدون هیچ کلامی به چشمان باک نگاه کرد، عشق به وضوح از میان آنها می‌درخشید.

For a long while after being saved, Buck never let Thornton out of sight.

باک تا مدت‌ها پس از نجات، هرگز تورنتون را از نظر دور نکرد.

Whenever Thornton left the tent, Buck followed him closely outside.

هر وقت تورنتون چادر را ترک می‌کرد، باک او را از چادر بیرون دنبال می‌کرد.

All the harsh masters in the Northland had made Buck afraid to trust.

تمام اربابان خشن سرزمین شمالی، باک را از اعتماد کردن می‌ترساندند.

He feared no man could remain his master for more than a short time.

او می‌ترسید که هیچکس نتواند بیش از مدت کوتاهی ارباب او بماند.

He feared John Thornton was going to vanish like Perrault and François.

او می‌ترسید که جان تورنتون هم مثل پرو و فرانسوا ناپدید شود.

Even at night, the fear of losing him haunted Buck's restless sleep.

حتی شب‌ها، ترس از دست دادن او خواب ناآرام باک را آزار می‌داد.

When Buck woke, he crept out into the cold, and went to the tent.

وقتی باک از خواب بیدار شد، یواشکی به دل سرما زد و به چادر رفت.

He listened carefully for the soft sound of breathing inside.

با دقت به صدای آرام نفس کشیدن درونش گوش داد.

Despite Buck's deep love for John Thornton, the wild stayed alive.

با وجود عشق عمیق باک به جان تورنتون، حیات وحش همچنان زنده ماند.

That primitive instinct, awakened in the North, did not disappear.

آن غریزه‌ی بدوی که در شمال بیدار شده بود، از بین نرفت.

Love brought devotion, loyalty, and the fire-side's warm bond.

عشق، فداکاری، وفاداری و پیوند گرمِ کنار آتش را به ارمغان آورد.

But Buck also kept his wild instincts, sharp and ever alert.

اما باک غرایز وحشی خود را نیز حفظ کرد، تیز و همیشه هوشیار.

He was not just a tamed pet from the soft lands of civilization.

او فقط یک حیوان خانگی رام شده از سرزمین‌های نرم تمدن نبود.

Buck was a wild being who had come in to sit by Thornton's fire.

باک موجودی وحشی بود که آمده بود کنار آتش تورنتون بنشیند.

He looked like a Southland dog, but wildness lived within him.

او شبیه سگ‌های ساوت‌لند بود، اما در درونش وحشیگری موج می‌زد.

His love for Thornton was too great to allow theft from the man.

عشق او به تورنتون آنقدر زیاد بود که اجازه دزدی از آن مرد را نمی‌داد.

But in any other camp, he would steal boldly and without pause.

اما در هر اردوی دیگری، او جسورانه و بدون مکث دزدی می‌کرد.

He was so clever in stealing that no one could catch or accuse him.

او در دزدی آنقدر زیرک بود که هیچ کس نمی‌توانست او را دستگیر یا متهم کند.

His face and body were covered in scars from many past fights.

صورت و بدنش پر از زخم‌های ناشی از دعواهای گذشته بود.

Buck still fought fiercely, but now he fought with more cunning.

باک هنوز هم با شدت می‌جنگید، اما حالا با حیله‌گری بیشتری می‌جنگید.

Skeet and Nig were too gentle to fight, and they were Thornton's.

اسکیت و نیگ برای دعوا کردن زیادی ملایم بودند، و آنها مال تورنتون بودند.

But any strange dog, no matter how strong or brave, gave way.

اما هر سگ غریبه‌ای، هر چقدر هم قوی یا شجاع، تسلیم می‌شد.

Otherwise, the dog found itself battling Buck; fighting for its life.

در غیر این صورت، سگ خود را در حال نبرد با باک یافت؛ نبردی برای نجات جانش.

Buck had no mercy once he chose to fight against another dog.

باک وقتی تصمیم گرفت با سگ دیگری بجنگد، دیگر رحم نکرد.

He had learned well the law of club and fang in the Northland.

او قانون چماق و دندان نیش را در سرزمین شمالی به خوبی آموخته بود.

He never gave up an advantage and never backed away from battle.

او هرگز از هیچ مزیتی دست نکشید و هرگز از نبرد عقب‌نشینی نکرد.

He had studied Spitz and the fiercest dogs of mail and police.

او سگ‌های اسپیتز و وحشی‌ترین سگ‌های پستچی و پلیس را مطالعه کرده بود.

He knew clearly there was no middle ground in wild combat.

او به وضوح می‌دانست که در نبرد وحشیانه هیچ حد وسطی وجود ندارد.

He must rule or be ruled; showing mercy meant showing weakness.

او یا باید حکومت می‌کرد یا بر او حکومت می‌شد؛ نشان دادن رحم و شفقت به معنای نشان دادن ضعف بود.

Mercy was unknown in the raw and brutal world of survival.

رحمت در دنیای خام و بی‌رحم بقا ناشناخته بود.

To show mercy was seen as fear, and fear led quickly to death.

نشان دادن رحم و شفقت به عنوان ترس تلقی می‌شد، و ترس به سرعت به مرگ منجر می‌شد.

The old law was simple: kill or be killed, eat or be eaten.

قانون قدیمی ساده بود :بکش یا کشته شو، بخور یا خورده شو.

That law came from the depths of time, and Buck followed it fully.

آن قانون از اعماق زمان آمده بود، و باک کاملاً از آن پیروی می‌کرد.

Buck was older than his years and the number of breaths he took.

باک از سن و تعداد نفس‌هایی که می‌کشید، پیرتر بود.

He connected the ancient past with the present moment clearly.

او گذشته باستانی را به روشنی با لحظه حال پیوند داد.

The deep rhythms of the ages moved through him like the tides.

ریتم‌های عمیق اعصار مانند جزر و مد از او عبور می‌کردند.

Time pulsed in his blood as surely as seasons moved the earth.

زمان در خونش می‌جوشید، همان‌گونه که فصل‌ها زمین را به حرکت درمی‌آوردند.

He sat by Thornton's fire, strong-chested and white-fanged.

او با سینه‌ای قوی و دندان‌هایی سپید، کنار آتش تورنتون نشسته بود.

His long fur waved, but behind him the spirits of wild dogs watched.

خز بلندش تکان می‌خورد، اما پشت سرش ارواح سگ‌های وحشی تماشا می‌کردند.

Half-wolves and full wolves stirred within his heart and senses.

نیمه گرگ‌ها و گرگ‌های کامل در قلب و حواس او به جنبش درآمدند.

They tasted his meat and drank the same water that he did.

آنها گوشت او را چشیدند و از همان آبی که او نوشید، نوشیدند.
They sniffed the wind alongside him and listened to the forest.
آنها در کنار او باد را بو کشیدند و به جنگل گوش دادند.
They whispered the meanings of the wild sounds in the darkness.
آنها معانی صداهای وحشی را در تاریکی زمزمه می‌کردند.
They shaped his moods and guided each of his quiet reactions.
آنها خلق و خوی او را شکل می‌دادند و هر یک از واکنش‌های آرام او را هدایت می‌کردند.
They lay with him as he slept and became part of his deep dreams.
آنها هنگام خواب در کنار او دراز کشیده بودند و بخشی از رویاهای عمیق او شده بودند.
They dreamed with him, beyond him, and made up his very spirit.
آنها با او، فراتر از او، رویا دیدند و روح او را ساختند.
The spirits of the wild called so strongly that Buck felt pulled.
ارواح وحشی چنان با قدرت فریاد می‌زدند که باک احساس کرد به سمت آنها کشیده می‌شود.
Each day, mankind and its claims grew weaker in Buck's heart.
هر روز، بشر و ادعاهایش در قلب باک ضعیف‌تر می‌شدند.
Deep in the forest, a strange and thrilling call was going to rise.
در اعماق جنگل، ندایی عجیب و هیجان‌انگیز در شرف برخاستن بود.
Every time he heard the call, Buck felt an urge he could not resist.
هر بار که باک این ندا را می‌شنید، میلی غیرقابل مقاومت در خود احساس می‌کرد.
He was going to turn from the fire and from the beaten human paths.
او می‌خواست از آتش و از مسیرهای انسانیِ ناپسند روی برگرداند.
He was going to plunge into the forest, going forward without knowing why.

او می‌خواست بدون اینکه بداند چرا، به درون جنگل شیرجه بزند و به جلو برود.

He did not question this pull, for the call was deep and powerful.

او این کشش را زیر سوال نبرد، زیرا این فراخوان عمیق و قدرتمند بود.

Often, he reached the green shade and soft untouched earth

اغلب، او به سایه سبز و زمین نرم و دست نخورده می‌رسید

But then the strong love for John Thornton pulled him back to the fire.

اما عشق شدید به جان تورنتون او را دوباره به سمت آتش کشاند.

Only John Thornton truly held Buck's wild heart in his grasp.

فقط جان تورنتون بود که واقعاً قلب وحشی باک را در چنگ خود داشت.

The rest of mankind had no lasting value or meaning to Buck.

بقیه‌ی نوع بشر هیچ ارزش یا معنای ماندگاری برای باک نداشتند.

Strangers might praise him or stroke his fur with friendly hands.

غریبه‌ها ممکن است او را تحسین کنند یا با دست‌های دوستانه‌اش خزهایش را نوازش کنند.

Buck remained unmoved and walked off from too much affection.

باک بی‌حرکت ماند و از شدت محبت، راهش را کشید و رفت.

Hans and Pete arrived with the raft that had long been awaited

هانس و پیت با قایقی که مدت‌ها انتظارش را کشیده بودند، رسیدند.

Buck ignored them until he learned they were close to Thornton.

باک آنها را نادیده گرفت تا اینکه فهمید به تورنتون نزدیک شده‌اند.

After that, he tolerated them, but never showed them full warmth.

پس از آن، او آنها را تحمل کرد، اما هرگز به آنها گرمی کامل نشان نداد.

He took food or kindness from them as if doing them a favor.

او از آنها غذا یا مهربانی می‌گرفت، انگار که به آنها لطفی می‌کرد.

They were like Thornton—simple, honest, and clear in thought.

آنها مانند تورنتون بودند - ساده، صادق و با افکاری روشن.
All together they traveled to Dawson's saw-mill and the great eddy
همه آنها با هم به کارخانه اره کشی داوسون و گرداب بزرگ سفر کردند
On their journey the learned to understand Buck's nature deeply.
در سفرشان، آنها آموختند که طبیعت باک را عمیقاً درک کنند.
They did not try to grow close like Skeet and Nig had done.
آنها سعی نکردند مثل اسکیت و نیگ به هم نزدیک شوند.
But Buck's love for John Thornton only deepened over time.
اما عشق باک به جان تورنتون با گذشت زمان عمیق‌تر شد.
Only Thornton could place a pack on Buck's back in the summer.
فقط تورنتون می‌توانست تابستان‌ها کوله‌باری را روی دوش باک بگذارد.
Whatever Thornton commanded, Buck was willing to do fully.
هر چه تورنتون دستور می‌داد، باک با کمال میل انجام می‌داد.
One day, after they left Dawson for the headwaters of the Tanana,
یک روز، پس از آنکه آنها داوسون را به مقصد سرچشمه‌های تانانا ترک کردند،
the group sat on a cliff that dropped three feet to bare bedrock.
گروه روی صخره‌ای نشستند که تا عمق یک متریِ سنگ بسترِ خالی پایین می‌رفت.
John Thornton sat near the edge, and Buck rested beside him.
جان تورنتون نزدیک لبه نشست و باک کنارش استراحت کرد.
Thornton had a sudden thought and called the men's attention.
ناگهان فکری به ذهن تورنتون رسید و توجه مردان را جلب کرد.
He pointed across the chasm and gave Buck a single command.
او به آن سوی شکاف اشاره کرد و به باک یک فرمان واحد داد.
"Jump, Buck!" he said, swinging his arm out over the drop.
بپر، باک «گفت و دستش را از روی پرتگاه بالا برد».
In a moment, he had to grab Buck, who was leaping to obey.

در یک لحظه، مجبور شد باک را که برای اطاعت کردن از جا می‌پرید،
بگیرد.

Hans and Pete rushed forward and pulled both back to
safety.

هانس و پیت به جلو دویدند و هر دو را به جای امنی عقب کشیدند.

After all ended, and they had caught their breath, Pete spoke
up.

بعد از اینکه همه چیز تمام شد و آنها نفس تازه کردند، پیت شروع به
صحبت کرد.

"The love's uncanny," he said, shaken by the dog's fierce
devotion.

او که از فداکاری شدید سگ به لرزه افتاده بود، گفت: «عشق
وصف‌ناپذیر است.»

Thornton shook his head and replied with calm seriousness.

تورنتون سرش را تکان داد و با جدیت و آرامش پاسخ داد.

"No, the love is splendid," he said, "but also terrible."

او گفت: «نه، عشق باشکوه است، اما وحشتناک هم هست.»

"Sometimes, I must admit, this kind of love makes me
afraid."

گاهی اوقات، باید اعتراف کنم، این نوع عشق مرا می‌ترساند».

Pete nodded and said, "I'd hate to be the man who touches
you."

پیت سر تکان داد و گفت» :از اینکه کسی باشم که به تو دست می‌زند
متنفرم.«

He looked at Buck as he spoke, serious and full of respect.

او هنگام صحبت، جدی و سرشار از احترام به باک نگاه می‌کرد.

"Py Jingo!" said Hans quickly. "Me either, no sir."

هانس سریع گفت» :پی جینگو من هم، نه آقا.«

Before the year ended, Pete's fears came true at Circle City.

قبل از پایان سال، ترس‌های پیت در سیرکل سیتی به حقیقت پیوست.

A cruel man named Black Burton picked a fight in the bar.

مرد بی‌رحمی به نام بلک برتون در بار دعوا راه انداخت.

He was angry and malicious, lashing out at a new
tenderfoot.

او عصبانی و بدخواه بود و به یک آدم بی‌عرضه جدید پرخاش می‌کرد.

John Thornton stepped in, calm and good-natured as always.

جان تورنتون مثل همیشه آرام و خوش‌خلق وارد شد.

Buck lay in a corner, head down, watching Thornton closely.

باک در گوشه‌ای دراز کشیده بود، سرش را پایین انداخته بود و از نزدیک تورنتون را تماشا می‌کرد.

Burton suddenly struck, his punch sending Thornton spinning.

برتون ناگهان ضربه‌ای زد و مشتش باعث شد تورنتون به خود بپیچد.

Only the bar's rail kept him from crashing hard to the ground.

فقط نرده‌ی میله مانع از برخورد محکم او به زمین شد.

The watchers heard a sound that was not bark or yelp

ناظران صدایی شنیدند که نه پارس بود و نه واق واق

a deep roar came from Buck as he launched toward the man.

باک غرش عمیقی کرد و به سمت مرد دوید.

Burton threw his arm up and barely saved his own life.

برتون دستش را بالا برد و به سختی جان خودش را نجات داد.

Buck crashed into him, knocking him flat onto the floor.

باک به او برخورد کرد و او را به زمین انداخت.

Buck bit deep into the man's arm, then lunged for the throat.

باک بازوی مرد را عمیقاً گاز گرفت، سپس به سمت گلویش حمله کرد.

Burton could only partly block, and his neck was torn open.

برتون فقط توانست تا حدی مانع شود و گردنش پاره شد.

Men rushed in, clubs raised, and drove Buck off the bleeding man.

مردان هجوم آوردند، چماق‌ها را بالا بردند و باک را از روی مرد خونین دور کردند.

A surgeon worked quickly to stop the blood from flowing out.

یک جراح به سرعت برای جلوگیری از خروج خون اقدام کرد.

Buck paced and growled, trying to attack again and again.

باک قدم می‌زد و غرغر می‌کرد، و بارها و بارها سعی در حمله داشت.

Only swinging clubs kept him back from reaching Burton.

فقط چوب‌های گلف او را از رسیدن به برتون باز داشتند.

A miners' meeting was called and held right there on the spot.

جلسه‌ای از سوی معدنچیان تشکیل و همانجا برگزار شد.

They agreed Buck had been provoked and voted to set him free.

آنها موافقت کردند که باک تحریک شده است و به آزادی او رأی دادند.

But Buck's fierce name now echoed in every camp in Alaska.

اما نام پر صلابت باک حالا در تمام اردوگاه‌های آلاسکا طنین‌انداز بود.

Later that fall, Buck saved Thornton again in a new way.

اواخر همان پاییز، باک دوباره تورنتون را به روشی جدید نجات داد.

The three men were guiding a long boat down rough rapids.

آن سه مرد داشتند یک قایق دراز را به سمت تندآب‌های خروشان هدایت می‌کردند.

Thornton maned the boat, calling directions to the shoreline.

تورنتون قایق را هدایت می‌کرد و مسیرهای منتهی به ساحل را صدا می‌زد.

Hans and Pete ran on land, holding a rope from tree to tree.

هانس و پیت در حالی که طنابی را از درختی به درخت دیگر گرفته بودند، روی زمین می‌دویدند.

Buck kept pace on the bank, always watching his master.

باک در ساحل قدم می‌زد و همیشه اربابش را زیر نظر داشت.

At one nasty place, rocks jutted out under the fast water.

در یک جای بد، صخره‌ها از زیر آب خروشان بیرون زده بودند.

Hans let go of the rope, and Thornton steered the boat wide.

هانس طناب را رها کرد و تورنتون قایق را به جلو هدایت کرد.

Hans sprinted to catch the boat again past the dangerous rocks.

هانس با سرعت دوید تا دوباره به قایق برسد و از میان صخره‌های خطرناک گذشت.

The boat cleared the ledge but hit a stronger part of the current.

قایق از لبه‌ی آب عبور کرد اما به بخش قوی‌تری از جریان آب برخورد کرد.

Hans grabbed the rope too quickly and pulled the boat off balance.

هانس خیلی سریع طناب را گرفت و تعادل قایق را از دست داد.

The boat flipped over and slammed into the bank, bottom up.

قایق واژگون شد و از پایین به بالا به ساحل برخورد کرد.

Thornton was thrown out and swept into the wildest part of the water.

تورنتون به بیرون پرتاب شد و به وحشی‌ترین قسمت آب کشیده شد.

No swimmer could have survived in those deadly, racing waters.

هیچ شناگری نمی‌توانست در آن آب‌های مرگبار و خروشان زنده بماند.

Buck jumped in instantly and chased his master down the river.

باک فوراً پرید و اربابش را تا پایین رودخانه تعقیب کرد.

After three hundred yards, he reached Thornton at last.

بعد از سیصد یارد، بالاخره به تورنتون رسید.

Thornton grabbed Buck's tail, and Buck turned for the shore.

تورنتون دم باک را گرفت و باک به سمت ساحل برگشت.

He swam with full strength, fighting the water's wild drag.

او با تمام قدرت شنا می‌کرد و با نیروی وحشی آب مبارزه می‌کرد.

They moved downstream faster than they could reach the shore.

آنها سریع‌تر از آنکه بتوانند به ساحل برسند، به سمت پایین دست رودخانه حرکت کردند.

Ahead, the river roared louder as it fell into deadly rapids.

جلوتر، رودخانه با غرش بلندتری به درون تندآب‌های مرگبار فرو می‌رفت.

Rocks sliced through the water like the teeth of a huge comb.

صخره‌ها مانند دندانه‌های یک شانه‌ی بزرگ، آب را شکافتند.

The pull of the water near the drop was savage and inescapable.

کشش آب در نزدیکی قطره، وحشیانه و گریزناپذیر بود.

Thornton knew they could never make the shore in time.

تورنتون می‌دانست که آنها هرگز نمی‌توانند به موقع به ساحل برسند.

He scraped over one rock, smashed across a second,

او روی یک سنگ خراشید، سنگ دیگری را خرد کرد،

And then he crashed into a third rock, grabbing it with both hands.

و سپس به سنگ سوم برخورد کرد و آن را با هر دو دست گرفت.

He let go of Buck and shouted over the roar, "Go, Buck! Go!"

«او باک را رها کرد و با صدایی گرفته فریاد زد» :برو باک برو

Buck could not stay afloat and was swept down by the current.

باک نتوانست روی آب بماند و جریان آب او را به پایین کشید.

He fought hard, struggling to turn, but made no headway at all.

او سخت جنگید، تقلا کرد تا برگردد، اما اصلاً پیشرفتی نکرد.

Then he heard Thornton repeat the command over the river's roar.

سپس شنید که تورنتون فرمان را با وجود غرش رودخانه تکرار کرد.

Buck reared out of the water, raised his head as if for a last look.

باک از آب بیرون آمد، سرش را بالا آورد، انگار می‌خواست آخرین نگاه را بیندازد.

then turned and obeyed, swimming toward the bank with resolve.

سپس برگشت و اطاعت کرد و با عزمی راسخ به سمت ساحل شنا کرد.

Pete and Hans pulled him ashore at the final possible moment.

پیت و هانس او را در آخرین لحظه ممکن به ساحل کشیدند.

They knew Thornton could cling to the rock for only minutes more.

آنها می‌دانستند که تورنتون فقط چند دقیقه دیگر می‌تواند به سنگ بچسبد.

They ran up the bank to a spot far above where he was hanging.

آنها از کناره‌ی رودخانه به نقطه‌ای بسیار بالاتر از جایی که او آویزان بود، دویدند.

They tied the boat's line to Buck's neck and shoulders carefully.

آنها طناب قایق را با دقت به گردن و شانه‌های باک بستند.

The rope was snug but loose enough for breathing and movement.

طناب محکم بود اما به اندازه کافی شل بود که بتوان نفس کشید و حرکت کرد.

Then they launched him into the rushing, deadly river again.

سپس دوباره او را به درون رودخانه خروشان و مرگبار انداختند.

Buck swam boldly but missed his angle into the stream's force.

باک با جسارت شنا کرد اما زاویه‌اش را به دلیل نیروی جریان از دست داد.

He saw too late that he was going to drift past Thornton.

او خیلی دیر متوجه شد که قرار است از تورنتون سبقت بگیرد.

Hans jerked the rope tight, as if Buck were a capsizing boat.

هانس طناب را محکم کشید، انگار باک قایقی در حال واژگون شدن بود.

The current pulled him under, and he vanished below the surface.

جریان آب او را به زیر خود کشید و او در زیر سطح آب ناپدید شد.

His body struck the bank before Hans and Pete pulled him out.

قبل از اینکه هانس و پیت او را بیرون بکشند، بدنش به ساحل برخورد کرد.

He was half-drowned, and they pounded the water out of him.

او تا نیمه غرق شده بود و آنها آب را از او بیرون کشیدند.

Buck stood, staggered, and collapsed again onto the ground.

باک ایستاد، تلوتلو خورد و دوباره روی زمین افتاد.

Then they heard Thornton's voice faintly carried by the wind.

سپس صدای ضعیف تورنتون را شنیدند که باد آن را با خود می‌برد.

Though the words were unclear, they knew he was near death.

اگرچه کلمات نامفهوم بودند، اما آنها می‌دانستند که او در آستانه مرگ است.

The sound of Thornton's voice hit Buck like an electric jolt.

صدای تورنتون مثل برق گرفتگی به باک برخورد کرد.

He jumped up and ran up the bank, returning to the launch point.

از جا پرید و از روی صخره بالا دوید و به نقطه شروع برگشت.

Again they tied the rope to Buck, and again he entered the stream.

دوباره طناب را به باک بستند و او دوباره وارد نهر شد.

This time, he swam directly and firmly into the rushing water.

این بار، او مستقیماً و محکم به درون آب خروشان شنا کرد.

Hans let out the rope steadily while Pete kept it from tangling.

هانس طناب را محکم رها کرد در حالی که پیت مانع از گره خوردن آن می‌شد.

Buck swam hard until he was lined up just above Thornton.

باک با تمام قوا شنا کرد تا اینکه درست بالای سر تورنتون در یک خط قرار گرفت.

Then he turned and charged down like a train in full speed.

سپس برگشت و مانند قطاری با سرعت تمام به سمت پایین حمله کرد.

Thornton saw him coming, braced, and locked arms around his neck.

تورنتون آمدنش را دید، آماده شد و دستانش را دور گردنش قفل کرد.

Hans tied the rope fast around a tree as both were pulled under.

هانس طناب را محکم دور درختی بست، در حالی که هر دو به زیر درخت کشیده می‌شدند.

They tumbled underwater, smashing into rocks and river debris.

آنها زیر اب غلتیدند و به سنگ‌ها و بقایای رودخانه برخورد کردند.

One moment Buck was on top, the next Thornton rose gasping.

یک لحظه باک در اوج بود، لحظه‌ای بعد تورنتون نفس زنان از جا بلند شد.

Battered and choking, they veered to the bank and safety.

آنها که کتک خورده و در حال خفگی بودند، به سمت ساحل و جای امنی تغییر مسیر دادند.

Thornton regained consciousness, lying across a drift log.

تورنتون به هوش آمد، در حالی که روی یک کنده درخت افتاده بود.

Hans and Pete worked him hard to bring back breath and life.

هانس و پیت سخت تلاش کردند تا نفس و زندگی را به او برگردانند.

His first thought was for Buck, who lay motionless and limp.

اولین فکری که به ذهنش رسید، باک بود که بی‌حرکت و شل افتاده بود.

Nig howled over Buck's body, and Skeet licked his face gently.

نیگ بالای سر باک زوزه می‌کشید و اسکیت به آرامی صورتش را لیس
می‌زد.

Thornton, sore and bruised, examined Buck with careful
hands.

تورنتون، زخمی و کبود، با دستانی محتاط باک را معاینه کرد.

He found three ribs broken, but no deadly wounds in the
dog.

او سه دنده شکسته پیدا کرد، اما هیچ زخم کشنده‌ای در سگ وجود نداشت.

"That settles it," Thornton said. "We camp here." And they
did.

تورنتون گفت: «همین کافی است.ما اینجا اردو می‌زنیم و آنها این کار »
را کردند.

They stayed until Buck's ribs healed and he could walk
again.

آنها ماندند تا دنده‌های باک خوب شد و دوباره توانست راه برود.

That winter, Buck performed a feat that raised his fame
further.

زمستان آن سال، باک شاهکاری را به نمایش گذاشت که شهرتش را بیش
از پیش افزایش داد.

It was less heroic than saving Thornton, but just as
impressive.

این کار به اندازه نجات دادن تورنتون قهرمانانه نبود، اما به همان اندازه
تأثیرگذار بود.

At Dawson, the partners needed supplies for a distant
journey.

در داوسون، شرکا برای یک سفر دور به تدارکات نیاز داشتند.

They wanted to travel East, into untouched wilderness
lands.

آنها می‌خواستند به شرق سفر کنند، به سرزمین‌های بکر و دست‌نخورده.

Buck's deed in the Eldorado Saloon made that trip possible.

سند مالکیت باک در سالن الدورادو، آن سفر را ممکن ساخت.

It began with men bragging about their dogs over drinks.

این ماجرا با رجزخوانی مردانی در مورد سگ‌هایشان هنگام نوشیدن
شروع شد.

Buck's fame made him the target of challenges and doubt.

شهرت باک او را هدف چالش‌ها و تردیدها قرار داد.
Thornton, proud and calm, stood firm in defending Buck's name.
تورنتون، مغرور و آرام، محکم و استوار از نام باک دفاع کرد.
One man said his dog could pull five hundred pounds with ease.
مردی گفت سگش می‌تواند به راحتی پانصد پوند را بکشد.
Another said six hundred, and a third bragged seven hundred.
دیگری گفت ششصد و سومی به هفتصد لاف زد.
"Pfft!" said John Thornton, "Buck can pull a thousand pound sled."
جان تورنتون گفت» :پووووف باک می‌تونه یه سورتمه هزار پوندی رو بکشه.«
Matthewson, a Bonanza King, leaned forward and challenged him.
متیوسون، یک پادشاه بونانزا، به جلو خم شد و او را به چالش کشید.
"You think he can put that much weight into motion?"
«فکر می‌کنی می‌تونه انقدر وزن رو به حرکت دربیاره؟»
"And you think he can pull the weight a full hundred yards?"
«و فکر می‌کنی می‌تونه وزنه رو صد یارد کامل بکشه؟»
Thornton replied coolly, "Yes. Buck is dog enough to do it."
تورنتون با خونسردی پاسخ داد» :بله.باک آنقدر عاقل است که این کار را انجام دهد.«
"He'll put a thousand pounds into motion, and pull it a hundred yards."
او هزار پوند را به حرکت درمی‌آورد و آن را صد یارد می‌کشد».«
Matthewson smiled slowly and made sure all men heard his words.
متیسون به آرامی لبخند زد و مطمئن شد که همه حرف‌هایش را شنیده‌اند.
"I've got a thousand dollars that says he can't. There it is."
من هزار دلار دارم که می‌گوید او نمی‌تواند».این هم از این .«
He slammed a sack of gold dust the size of sausage on the bar.
او یک کیسه خاک طلا به اندازه سوسیس را روی پیشخوان کوبید.

Nobody said a word. The silence grew heavy and tense around them.

هیچ‌کس کلمه‌ای نگفت.سکوت سنگین و پرتنشی اطرافشان را فرا گرفت .

Thornton's bluff—if it was one—had been taken seriously.

بلوف تورنتون - اگر بلوف بود - جدی گرفته شده بود.

He felt heat rise in his face as blood rushed to his cheeks.

احساس کرد صورتش داغ شد و خون به گونه‌هایش هجوم آورد.

His tongue had gotten ahead of his reason in that moment.

در آن لحظه زبانش از عقلش پیشی گرفته بود.

He truly didn't know if Buck could move a thousand pounds.

او واقعاً نمی‌دانست که آیا باک می‌تواند هزار پوند را جابجا کند یا نه.

Half a ton! The size of it alone made his heart feel heavy.

نیم تُن فقط حجم آن باعث می‌شد دلش سنگین شود.

He had faith in Buck's strength and had thought him capable.

او به قدرت باک ایمان داشت و او را توانمند می‌دانست.

But he had never faced this kind of challenge, not like this.

اما او هرگز با این نوع چالش، نه مثل این، روبرو نشده بود.

A dozen men watched him quietly, waiting to see what he'd do.

دوازده مرد بی‌صدا او را تماشا می‌کردند و منتظر بودند ببینند چه می‌کند.

He didn't have the money—neither did Hans or Pete.

او پول نداشت - هانس یا پیت هم نداشتند.

"I've got a sled outside," said Matthewson coldly and direct.

متیسون با سردی و صراحت گفت« :من بیرون یک سورتمه دارم.»«

"It's loaded with twenty sacks, fifty pounds each, all flour.

»پر از بیست گونی آرد است، هر کدام پنجاه پوند.»«

So don't let a missing sled be your excuse now," he added.

پس نگذارید گم شدن سورتمه بهانه‌ای برای شما باشد.»

Thornton stood silent. He didn't know what words to offer.

تورنتون ساکت ماند.نمی‌دانست چه کلماتی را به کار ببرد .

He looked around at the faces without seeing them clearly.

او به چهره‌ها نگاه کرد، اما آنها را به وضوح ندید.

He looked like a man frozen in thought, trying to restart.

او شبیه مردی بود که در افکارش منجمد شده و سعی دارد دوباره شروع کند.

Then he saw Jim O'Brien, a friend from the Mastodon days.
سپس جیم اُبرایان، دوست دوران ماستودون، را دید.
That familiar face gave him courage he didn't know he had.
آن چهره آشنا به او شجاعتی داد که از وجودش بی‌خبر بود.
He turned and asked in a low voice, "Can you lend me a thousand?"
برگشت و با صدای آهسته پرسید» :می‌توانی هزار تا به من قرض بدهی؟«
"Sure," said O'Brien, dropping a heavy sack by the gold already.
اُبراین گفت» :البته.و کیسه‌ی سنگینی را که از قبل کنار طلاها انداخته » بود، انداخت.
"But truthfully, John, I don't believe the beast can do this."
اما راستش را بخواهی، جان، من باور نمی‌کنم که آن هیولا بتواند این » کار را بکند.«
Everyone in the Eldorado Saloon rushed outside to see the event.
همه در سالن الدورادو برای دیدن این رویداد به بیرون هجوم آوردند.
They left tables and drinks, and even the games were paused.
آنها میزها و نوشیدنی‌ها را ترک کردند و حتی بازی‌ها متوقف شد.
Dealers and gamblers came to witness the bold wager's end.
دلالان و قماربازان آمدند تا شاهد پایان شرطبندی جسورانه باشند.
Hundreds gathered around the sled in the icy open street.
صدها نفر در خیابان یخ‌زده دور سورتمه جمع شده بودند.
Matthewson's sled stood with a full load of flour sacks.
سورتمه متیسون با بار پر از کیسه‌های آرد ایستاده بود.
The sled had been sitting for hours in minus temperatures.
سورتمه ساعت‌ها در دمای منفی یک درجه مانده بود.
The sled's runners were frozen tight to the packed-down snow.
کفی‌های سورتمه کاملاً در برف فشرده یخ زده بودند.
Men offered two-to-one odds that Buck could not move the sled.
مردان شانس دو به یک را پیشنهاد دادند که باک نمی‌تواند سورتمه را حرکت دهد.
A dispute broke out about what "break out" really meant.

اختلافی بر سر معنای واقعی «گریز »درگرفت.

O'Brien said Thornton should loosen the sled's frozen base.

اُبراین گفت تورنتون باید پایه یخزده سورتمه را شل کند.

Buck could then "break out" from a solid, motionless start.

«سپس باک می‌توانست از یک شروع محکم و بی‌حرکت »بیرون بزند.

Matthewson argued the dog must break the runners free too.

متیوسون استدلال کرد که سگ باید دونده‌ها را نیز آزاد کند.

The men who had heard the bet agreed with Matthewson's view.

مردانی که شرط را شنیده بودند با نظر متیسون موافق بودند.

With that ruling, the odds jumped to three-to-one against Buck.

با آن حکم، شانس برد باک به سه به یک افزایش یافت.

No one stepped forward to take the growing three-to-one odds.

هیچ کس برای پذیرفتن شانس رو به رشد سه به یک پا پیش نگذاشت.

Not a single man believed Buck could perform the great feat.

حتی یک نفر هم باور نداشت که باک بتواند این شاهکار بزرگ را انجام دهد.

Thornton had been rushed into the bet, heavy with doubts.

تورنتون با عجله و در حالی که سرشار از شک و تردید بود، وارد شرط‌بندی شد.

Now he looked at the sled and the ten-dog team beside it.

حالا به سورتمه و گروه ده سگ کنارش نگاه کرد.

Seeing the reality of the task made it seem more impossible.

دیدن واقعیتِ کار، آن را غیرممکن‌تر جلوه می‌داد.

Matthewson was full of pride and confidence in that moment.

متیسون در آن لحظه سرشار از غرور و اعتماد به نفس بود.

"Three to one!" he shouted. "I'll bet another thousand, Thornton!

سه به یک «او فریاد زد»«تورنتون، من هزار تای دیگه شرط می‌بندم»

What do you say?" he added, loud enough for all to hear.

«با صدای بلند که همه بشنوند، اضافه کرد» :چی می‌گی؟

Thornton's face showed his doubts, but his spirit had risen.

چهره تورنتون تردیدهایش را نشان می‌داد، اما روحش برخاسته بود.

That fighting spirit ignored odds and feared nothing at all.

آن روحیه‌ی مبارزه‌جویانه، هیچ چیز را نادیده نمی‌گرفت و از هیچ چیز نمی‌ترسید.

He called Hans and Pete to bring all their cash to the table.

او هانس و پیت را صدا زد تا تمام پولشان را سر میز بیاورند.

They had little left—only two hundred dollars combined.

پول کمی برایشان مانده بود - روی هم رفته فقط دویست دلار.

This small sum was their total fortune during hard times.

این مبلغ ناچیز، تمام دارایی آنها در دوران سخت بود.

Still, they laid all of the fortune down against Matthewson's bet.

با این حال، آنها تمام ثروت خود را در مقابل شرط متیسون قرار دادند.

The ten-dog team was unhitched and moved away from the sled.

تیم ده سگ از سورتمه جدا شد و از آن فاصله گرفت.

Buck was placed in the reins, wearing his familiar harness.

باک در حالی که افسار آشنایش را به گردن داشت، افسار را به دست گرفت.

He had caught the energy of the crowd and felt the tension.

او انرژی جمعیت را جذب کرده و تنش را حس کرده بود.

Somehow, he knew he had to do something for John Thornton.

به نحوی، او می‌دانست که باید کاری برای جان تورنتون انجام دهد.

People murmured with admiration at the dog's proud figure.

مردم با تحسین از هیکل مغرور سگ زمزمه می‌کردند.

He was lean and strong, without a single extra ounce of flesh.

او لاغر و قوی بود، بدون حتی یک اونس گوشت اضافه.

His full weight of hundred fifty pounds was all power and endurance.

تمام وزن صد و پنجاه پوندی او، قدرت و استقامت بود.

Buck's coat gleamed like silk, thick with health and strength.

پوشش باک مانند ابریشم می‌درخشید، ضخیم از سلامتی و قدرت.

The fur along his neck and shoulders seemed to lift and bristle.

به نظر می‌رسید خزهای گردن و شانه‌هایش سیخ و بلند شده‌اند.

His mane moved slightly, each hair alive with his great energy.

یالش کمی تکان خورد، هر تار مویش از انرژی زیادش جان گرفته بود.

His broad chest and strong legs matched his heavy, tough frame.

سینه پهن و پاهای قوی‌اش با هیکل سنگین و خشنش هماهنگ بود.

Muscles rippled under his coat, tight and firm as bound iron.

عضلاتش زیر کتش موج می‌زدند، سفت و محکم مثل آهنِ به هم چسبیده.

Men touched him and swore he was built like a steel machine.

مردها او را لمس می‌کردند و قسم می‌خوردند که مثل یک ماشین فولادی ساخته شده است.

The odds dropped slightly to two to one against the great dog.

شانس برد در برابر سگ بزرگ کمی کاهش یافت و به دو به یک رسید.

A man from the Skookum Benches pushed forward, stuttering.

مردی از نیمکت‌های اسکوکوم، با لکنت زبان، جلو آمد.

"Good, sir! I offer eight hundred for him—before the test, sir!"

«خوبه آقا من هشتصد تا براش پیشنهاد میدم - قبل از امتحان، آقا»

"Eight hundred, as he stands right now!" the man insisted.

«مرد اصرار کرد» :هشتصد، همین الان که ایستاده

Thornton stepped forward, smiled, and shook his head calmly.

تورنتون جلو آمد، لبخندی زد و سرش را با آرامش تکان داد.

Matthewson quickly stepped in with a warning voice and frown.

متیوسون با صدای هشدار دهنده و اخم کردن به سرعت وارد عمل شد.

"You must step away from him," he said. "Give him space."

باید از او فاصله بگیری»به او فضا بده .«

The crowd grew silent; only gamblers still offered two to one.

جمعیت ساکت شد؛ فقط قمارباز‌ها هنوز دو به یک پیشنهاد می‌دادند.

Everyone admired Buck's build, but the load looked too great.

همه هیکل باک را تحسین می‌کردند، اما بار روی آن خیلی زیاد به نظر می‌رسید.

Twenty sacks of flour—each fifty pounds in weight—seemed far too much.

بیست کیسه آرد - هر کدام پنجاه پوند وزن - خیلی زیاد به نظر می‌رسید.

No one was willing to open their pouch and risk their money.

هیچ کس حاضر نبود کیسه‌اش را باز کند و پولش را به خطر بیندازد.

Thornton knelt beside Buck and took his head in both hands.

تورنتون کنار باک زانو زد و سرش را با هر دو دست گرفت.

He pressed his cheek against Buck's and spoke into his ear.

گونه‌اش را به گونه‌ی باک چسباند و در گوشش چیزی گفت.

There was no playful shaking or whispered loving insults now.

حالا دیگر خبری از تکان دادن‌های بازیگوشانه یا نجواهای عاشقانه نبود.

He only murmured softly, "As much as you love me, Buck."

او فقط آرام زمزمه کرد» :هر چقدر هم که تو مرا دوست داشته باشی، باک.«

Buck let out a quiet whine, his eagerness barely restrained.

باک ناله‌ی آرامی سر داد، اشتیاقش به زحمت مهار شده بود.

The onlookers watched with curiosity as tension filled the air.

تماشاگران با کنجکاوی تماشا می‌کردند که تنش فضا را پر کرده است.

The moment felt almost unreal, like something beyond reason.

آن لحظه تقریباً غیرواقعی به نظر می‌رسید، مثل چیزی فراتر از منطق.

When Thornton stood, Buck gently took his hand in his jaws.

وقتی تورنتون ایستاد، باک به آرامی دستش را در آرواره‌هایش گرفت.

He pressed down with his teeth, then let go slowly and gently.

با دندان‌هایش فشار داد، سپس به آرامی و با ملایمت رها کرد.

It was a silent answer of love, not spoken, but understood.

این پاسخی خاموش از عشق بود، نه به زبان، بلکه درک شده.

Thornton stepped well back from the dog and gave the signal.

تورنتون کاملاً از سگ فاصله گرفت و علامت داد.

"Now, Buck," he said, and Buck responded with focused calm.

او گفت» :حالا، باک ـو باک با آرامش متمرکزی پاسخ داد «.

Buck tightened the traces, then loosened them by a few inches.

باک طناب‌ها را محکم کرد، سپس چند اینچ آنها را شل کرد.

This was the method he had learned; his way to break the sled.

این روشی بود که او یاد گرفته بود؛ راه او برای شکستن سورتمه.

"Gee!" Thornton shouted, his voice sharp in the heavy silence.

تورنتون فریاد زد» :وای «صدایش در سکوت سنگین، تیز بود.

Buck turned to the right and lunged with all of his weight.

باک به راست چرخید و با تمام وزنش به جلو خیز برداشت.

The slack vanished, and Buck's full mass hit the tight traces.

سستی از بین رفت و تمام جرم باک به مسیرهای تنگ برخورد کرد.

The sled trembled, and the runners made a crisp crackling sound.

سورتمه لرزید و دوندگان صدای ترق تروق تیزی ایجاد کردند.

"Haw!" Thornton commanded, shifting Buck's direction again.

«تورنتون دوباره جهت باک را تغییر داد و دستور داد» :ها

Buck repeated the move, this time pulling sharply to the left.

باک حرکت را تکرار کرد و این بار به شدت به سمت چپ کشید.

The sled cracked louder, the runners snapping and shifting.

سورتمه با صدای بلندتری تق‌تق کرد، دونده‌ها تق‌تق می‌کردند و جابه‌جا می‌شدند.

The heavy load slid slightly sideways across the frozen snow.

بار سنگین روی برف یخزده کمی به پهلو سر خورد.

The sled had broken free from the grip of the icy trail!

سورتمه از چنگ مسیر یخی رها شده بود

Men held their breath, unaware they were not even breathing.

مردان نفس خود را حبس می‌کردند، بی‌خبر از اینکه حتی نفس نمی‌کشند.

"Now, PULL!" Thornton cried out across the frozen silence.

«تورنتون در سکوت یخزده فریاد زد» :حالا، بکشید
Thornton's command rang out sharp, like the crack of a whip.

فرمان تورنتون با صدایی تیز، مثل صدای شلاق، طنین‌انداز شد.
Buck hurled himself forward with a fierce and jarring lunge.

باک با یک حمله‌ی ناگهانی و شدید، خودش را به جلو پرتاب کرد.
His whole frame tensed and bunched for the massive strain.

تمام هیکلش از شدت فشار منقبض و جمع شده بود.
Muscles rippled under his fur like serpents coming alive.

ماهیچه‌ها زیر خزهایش مثل مارهایی که زنده می‌شوند، موج می‌زدند.
His great chest was low, head stretched forward toward the sled.

سینه‌ی ستبرش پایین بود و سرش به سمت سورتمه دراز شده بود.
His paws moved like lightning, claws slicing the frozen ground.

پنجه‌هایش مثل برق حرکت می‌کردند، چنگال‌هایش زمین یخزده را می‌شکافتند.
Grooves were cut deep as he fought for every inch of traction.

شیارها عمیقاً کنده شده بودند، زیرا او برای هر اینچ از کشش می‌جنگید.
The sled rocked, trembled, and began a slow, uneasy motion.

سورتمه تکان خورد، لرزید و حرکتی آهسته و ناآرام را آغاز کرد.
One foot slipped, and a man in the crowd groaned aloud.

یک پا لیز خورد و مردی از میان جمعیت با صدای بلند ناله کرد.
Then the sled lunged forward in a jerking, rough movement.

سپس سورتمه با حرکتی تند و خشن به جلو خیز برداشت.
It didn't stop again—half an inch...an inch...two inches more.

دوباره متوقف نشد—نیم اینچ...یک اینچ...دو اینچ دیگر.
The jerks became smaller as the sled began to gather speed.

با افزایش سرعت سورتمه، تکان‌ها کمتر شدند.
Soon Buck was pulling with smooth, even, rolling power.

خیلی زود باک با قدرت غلتشی نرم، یکنواخت و مداوم شروع به کشیدن کرد.
Men gasped and finally remembered to breathe again.

مردان نفس نفس می‌زدند و بالاخره یادشان می‌آمد که دوباره نفس بکشند.
They had not noticed their breath had stopped in awe.

آنها متوجه نشده بودند که نفسشان از شدت حیرت بند آمده است.

Thornton ran behind, calling out short, cheerful commands.

تورنتون پشت سر او می‌دوید و با لحنی شاد و کوتاه دستورهایی می‌داد.

Ahead was a stack of firewood that marked the distance.

جلوتر، پشته‌ای از هیزم بود که فاصله را مشخص می‌کرد.

As Buck neared the pile, the cheering grew louder and louder.

همین‌طور که باک به توده نزدیک می‌شد، تشویق‌ها بلندتر و بلندتر می‌شد.

The cheering swelled into a roar as Buck passed the end point.

با عبور باک از نقطه پایان، تشویق‌ها به غرش تبدیل شد.

Men jumped and shouted, even Matthewson broke into a grin.

مردها از جا پریدند و فریاد زدند، حتی متیوسون هم پوزخندی زد.

Hats flew into the air, mittens were tossed without thought or aim.

کلاه‌ها به هوا پرتاب می‌شدند، دستکش‌ها بدون فکر یا هدف پرتاب می‌شدند.

Men grabbed each other and shook hands without knowing who.

مردها همدیگر را گرفتند و بدون اینکه بدانند چه کسی است، با هم دست دادند.

The whole crowd buzzed in wild, joyful celebration.

تمام جمعیت با شور و شوق و شادی فراوان جشن گرفتند.

Thornton dropped to his knees beside Buck with trembling hands.

تورنتون با دستان لرزان کنار باک زانو زد.

He pressed his head to Buck's and shook him gently back and forth.

سرش را به سر باک چسباند و او را به آرامی تکان داد.

Those who approached heard him curse the dog with quiet love.

کسانی که نزدیک می‌شدند، می‌شنیدند که او با عشقی آرام سگ را نفرین می‌کرد.

He swore at Buck for a long time—softly, warmly, with emotion.

او مدت زیادی به باک فحش داد - آرام، گرم و با احساس.

"Good, sir! Good, sir!" cried the Skookum Bench king in a rush.

«رئیس نیمکت اسکوکوم با عجله فریاد زد: «خوبه، آقا خوبم آقا

"I'll give you a thousand—no, twelve hundred—for that dog, sir!"

«آقا، من برای آن سگ هزار ـ نه، هزار و دویست ـ به شما می‌دهم»

Thornton rose slowly to his feet, his eyes shining with emotion.

تورنتون به آرامی از جایش بلند شد، چشمانش از شدت احساسات برق می‌زد.

Tears streamed openly down his cheeks without any shame.

اشک‌هایش بی‌هیچ شرمی، آشکارا از گونه‌هایش سرازیر شدند.

"Sir," he said to the Skookum Bench king, steady and firm

«او با قاطعیت و آرامش به پادشاه سکوکوم گفت» :آقا

"No, sir. You can go to hell, sir. That's my final answer."

نه، آقا»می‌توانید بروید به جهنم، آقا .این آخرین جواب من است ـ «

Buck grabbed Thornton's hand gently in his strong jaws.

باک دست تورنتون را به آرامی با آرواره‌های قوی‌اش گرفت.

Thornton shook him playfully, their bond deep as ever.

تورنتون با شیطنت او را تکان داد، پیوندشان مثل همیشه عمیق بود.

The crowd, moved by the moment, stepped back in silence.

جمعیت که لحظه به لحظه تحت تأثیر قرار گرفته بودند، در سکوت قدمی به عقب برداشتند.

From then on, none dared interrupt such sacred affection.

از آن به بعد، هیچ کس جرأت نکرد چنین محبت مقدسی را قطع کند.

The Sound of the Call
صدای اذان

Buck had earned sixteen hundred dollars in five minutes.

باک در عرض پنج دقیقه هزار و ششصد دلار به دست آورده بود.

The money let John Thornton pay off some of his debts.

این پول به جان تورنتون اجازه داد تا بخشی از بدهی‌هایش را پرداخت کند.

With the rest of the money he headed East with his partners.

با بقیه پول، او به همراه شرکایش به سمت شرق حرکت کرد.

They sought a fabled lost mine, as old as the country itself.

آنها به دنبال یک معدن گمشده افسانه‌ای بودند، به قدمت خود کشور.

Many men had looked for the mine, but few had ever found it.

بسیاری از مردان به دنبال معدن گشته بودند، اما تعداد کمی آن را پیدا کرده بودند.

More than a few men had vanished during the dangerous quest.

بیش از چند مرد در طول این جستجوی خطرناک ناپدید شده بودند.

This lost mine was wrapped in both mystery and old tragedy.

این معدن گمشده، هم در رمز و راز و هم در تراژدی قدیمی پیچیده شده بود.

No one knew who the first man to find the mine had been.

هیچ‌کس نمی‌دانست اولین کسی که معدن را پیدا کرد چه کسی بود.

The oldest stories don't mention anyone by name.

قدیمی‌ترین داستان‌ها از کسی به نام یاد نمی‌کنند.

There had always been an ancient ramshackle cabin there.

همیشه یک کلبه‌ی قدیمی و فرسوده آنجا وجود داشت.

Dying men had sworn there was a mine next to that old cabin.

مردان در حال مرگ قسم خورده بودند که معدنی در کنار آن کلبه قدیمی وجود دارد.

They proved their stories with gold like none found elsewhere.

آنها داستان‌های خود را با طلایی اثبات کردند که هیچ جای دیگری پیدا نمی‌شود.

No living soul had ever looted the treasure from that place.

هیچ موجود زنده‌ای تا به حال گنج آن مکان را غارت نکرده بود.

The dead were dead, and dead men tell no tales.

مردگان، مردگان بودند و مردگان قصه نمی‌گویند.

So Thornton and his friends headed into the East.

بنابراین تورنتون و دوستانش به سمت شرق حرکت کردند.

Pete and Hans joined, bringing Buck and six strong dogs.

پیت و هانس به آنها ملحق شدند و باک و شش سگ قوی هیکل را نیز با خود آوردند.

They set off down an unknown trail where others had failed.

آنها در مسیری ناشناخته قدم گذاشتند که دیگران در آن شکست خورده بودند.

They sledded seventy miles up the frozen Yukon River.

آنها هفتاد مایل روی رودخانه یخ‌زده یوکان سورتمه‌سواری کردند.

They turned left and followed the trail into the Stewart.

آنها به چپ پیچیدند و مسیر را تا داخل رودخانه استوارت دنبال کردند.

They passed the Mayo and McQuestion, pressing farther on.

آنها از کنار مایو و مک‌کویستین گذشتند و بیشتر به جلو رفتند.

The Stewart shrank into a stream, threading jagged peaks.

استوارت به نهری تبدیل شد که قله‌های ناهموارش را به هم پیوند می‌داد.

These sharp peaks marked the very spine of the continent.

این قله‌های تیز، ستون فقرات قاره را مشخص می‌کردند.

John Thornton demanded little from men or the wild land.

جان تورنتون از انسان‌ها یا سرزمین وحشی چیز زیادی نمی‌خواست.

He feared nothing in nature and faced the wild with ease.

او در طبیعت از هیچ چیز نمی‌ترسید و با سهولت با طبیعت وحشی روبرو می‌شد.

With only salt and a rifle, he could travel where he wished.

او فقط با نمک و یک تفنگ می‌توانست به هر کجا که می‌خواست سفر کند.

Like the natives, he hunted food while he journeyed along.

مانند بومیان، او در طول سفر غذا شکار می‌کرد.

If he caught nothing, he kept going, trusting luck ahead.

اگر چیزی گیرش نمی‌آمد، به راهش ادامه می‌داد و به شانس پیش رو توکل می‌کرد.

On this long journey, meat was the main thing they ate.

در این سفر طولانی، گوشت غذای اصلی آنها بود.

The sled held tools and ammo, but no strict timetable.

سورتمه حامل ابزار و مهمات بود، اما هیچ جدول زمانی دقیقی نداشت.

Buck loved this wandering; the endless hunt and fishing.

باک عاشق این پرسه زدن بود؛ شکار و ماهیگیری بی‌پایان.

For weeks they were traveling day after steady day.

هفته‌ها بود که آنها هر روز و هر روز به طور مداوم در سفر بودند.

Other times they made camps and stayed still for weeks.

بعضی وقت‌ها هم چادر می‌زدند و هفته‌ها بی‌حرکت می‌ماندند.

The dogs rested while the men dug through frozen dirt.

سگ‌ها استراحت می‌کردند در حالی که مردان در میان خاک یخ‌زده کندوکاو می‌کردند.

They warmed pans over fires and searched for hidden gold.

آنها تابه‌ها را روی آتش گرم می‌کردند و به دنبال طلای پنهان می‌گشتند.

Some days they starved, and some days they had feasts.

بعضی روزها گرسنگی می‌کشیدند و بعضی روزها جشن می‌گرفتند.

Their meals depended on the game and the luck of the hunt.

وعده‌های غذایی آنها به شکار و شانس شکار بستگی داشت.

When summer came, men and dogs packed loads on their backs.

وقتی تابستان از راه رسید، مردان و سگ‌ها بارها را بر پشت خود بستند.

They rafted across blue lakes hidden in mountain forests.

آنها با قایق از میان دریاچه‌های آبی پنهان در جنگل‌های کوهستانی عبور کردند.

They sailed slim boats on rivers no man had ever mapped.

آنها با قایق‌های باریک بر روی رودخانه‌هایی حرکت می‌کردند که هیچ‌کس تا به حال نقشه آنها را ترسیم نکرده بود.

Those boats were built from trees they sawed in the wild.

آن قایق‌ها از درختانی ساخته شده بودند که در طبیعت اره کرده بودند.

The months passed, and they twisted through the wild unknown lands.

ماه‌ها گذشت و آنها در سرزمین‌های وحشی و ناشناخته پیچ و تاب می‌خوردند.

There were no men there, yet old traces hinted that men had been.

هیچ مردی آنجا نبود، اما آثار قدیمی نشان می‌داد که مردانی آنجا بوده‌اند.

If the Lost Cabin was real, then others had once come this way.

اگر کلبه گمشده واقعی بود، پس دیگران هم زمانی از این مسیر آمده بودند.

They crossed high passes in blizzards, even during the summer.

آنها حتی در طول تابستان، در کولاک از گردنه‌های مرتفع عبور می‌کردند.

They shivered under the midnight sun on bare mountain slopes.

آنها زیر آفتاب نیمه‌شب، در دامنه‌های برهنه کوهستان، از سرما می‌لرزیدند.

Between the treeline and the snowfields, they climbed slowly.

بین خط درختان و زمین‌های برفی، آنها به آرامی بالا می‌رفتند.

In warm valleys, they swatted at clouds of gnats and flies.

در دره‌های گرم، آنها به سمت ابرهای پشه و مگس حمله می‌کردند.

They picked sweet berries near glaciers in full summer bloom.

آنها در تابستان، در نزدیکی یخچال‌های طبیعی، توت‌های شیرین می‌چیدند.

The flowers they found were as lovely as those in the Southland.

گل‌هایی که پیدا کردند به زیبایی گل‌های سرزمین جنوبی بودند.

That fall they reached a lonely region filled with silent lakes.

پاییز آن سال، آنها به منطقه‌ای خلوت و پر از دریاچه‌های خاموش رسیدند.

The land was sad and empty, once alive with birds and beasts.

سرزمینی غمگین و خالی بود، سرزمینی که زمانی پر از پرندگان و جانوران بود.

Now there was no life, just the wind and ice forming in pools.

حالا دیگر هیچ حیاتی وجود نداشت، فقط باد و یخ‌هایی که در گودال‌ها تشکیل می‌شدند.

Waves lapped against empty shores with a soft, mournful sound.

امواج با صدایی نرم و حزن‌انگیز به سواحل خالی برخورد می‌کردند.

Another winter came, and they followed faint, old trails again.

زمستان دیگری از راه رسید و آنها دوباره از مسیرهای قدیمی و کم‌رمق عبور کردند.

These were the trails of men who had searched long before them.

اینها رد پای مردانی بود که مدت‌ها پیش از آنها جستجو کرده بودند.

Once they found a path cut deep into the dark forest.

یک روز آنها مسیری را پیدا کردند که در اعماق جنگل تاریک بریده شده بود.

It was an old trail, and they felt the lost cabin was close.

مسیر قدیمی بود و آنها احساس می‌کردند کلبه گمشده نزدیک است.

But the trail led nowhere and faded into the thick woods.

اما رد پا به جایی نرسید و در میان انبوه درختان محو شد.

Whoever made the trail, and why they made it, no one knew.

هیچ‌کس نمی‌دانست چه کسی این مسیر را ساخته و چرا آن را ساخته است.

Later, they found the wreck of a lodge hidden among the trees.

بعداً، آنها لاشه یک کلبه را که در میان درختان پنهان شده بود، پیدا کردند.

Rotting blankets lay scattered where someone once had slept.

پتوهای پوسیده، جایی که زمانی کسی خوابیده بود، پخش و پلا بودند.

John Thornton found a long-barreled flintlock buried inside.

جان تورنتون یک تفنگ چخماقی لوله بلند را که در داخل دفن شده بود، پیدا کرد.
He knew this was a Hudson Bay gun from early trading days.
او از همان روزهای اول معاملات می‌دانست که این اسلحه متعلق به هادسون بی است.
In those days such guns were traded for stacks of beaver skins.
در آن روزها چنین اسلحه‌هایی با انبوهی از پوست سگ آبی معامله می‌شدند.
That was all—no clue remained of the man who built the lodge.
همین بود - هیچ سرنخی از مردی که کلبه را ساخته بود، باقی نمانده بود.

Spring came again, and they found no sign of the Lost Cabin.
بهار دوباره از راه رسید و آنها هیچ نشانه‌ای از کلبه گمشده پیدا نکردند.
Instead they found a broad valley with a shallow stream.
در عوض، آنها دره‌ای وسیع با جویباری کم‌عمق یافتند.
Gold lay across the pan bottoms like smooth, yellow butter.
طلا مثل کره‌ی زرد و نرم، کف ماهیتابه‌ها را پوشانده بود.
They stopped there and searched no farther for the cabin.
آنها آنجا توقف کردند و دیگر دنبال کلبه نگشتند.
Each day they worked and found thousands in gold dust.
هر روز آنها کار می‌کردند و هزاران طلا در خاک طلا پیدا می‌کردند.
They packed the gold in bags of moose-hide, fifty pounds each.
آنها طلاها را در کیسه‌های پوست گوزن شمالی، هر کدام به وزن پنجاه پوند، بسته‌بندی کردند.
The bags were stacked like firewood outside their small lodge.
کیسه‌ها مثل هیزم بیرون کلبه‌ی کوچکشان روی هم چیده شده بودند.
They worked like giants, and the days passed like quick dreams.
آنها مثل غول‌ها کار می‌کردند و روزها مثل رویاهای سریع می‌گذشتند.
They heaped up treasure as the endless days rolled swiftly by.

آنها همچنان که روزهای بی‌پایان به سرعت می‌گذشتند، گنج‌ها را انباشته می‌کردند.

There was little for the dogs to do except haul meat now and then.

سگ‌ها کار زیادی نداشتند جز اینکه هر از گاهی گوشت جمع کنند.

Thornton hunted and killed the game, and Buck lay by the fire.

تورنتون شکار را شکار کرد و کشت، و باک کنار آتش دراز کشیده بود.

He spent long hours in silence, lost in thought and memory.

او ساعت‌های طولانی را در سکوت، غرق در فکر و خاطره گذراند.

The image of the hairy man came more often into Buck's mind.

تصویر مرد پشمالو بیشتر به ذهن باک خطور می‌کرد.

Now that work was scarce, Buck dreamed while blinking at the fire.

حالا که کار کم بود، باک در حالی که به آتش چشمک می‌زد، رویا می‌دید.

In those dreams, Buck wandered with the man in another world.

در آن خواب‌ها، باک به همراه آن مرد در دنیای دیگری پرسه می‌زد.

Fear seemed the strongest feeling in that distant world.

ترس، قوی‌ترین احساس در آن دنیای دوردست به نظر می‌رسید.

Buck saw the hairy man sleep with his head bowed low.

باک مرد پشمالو را دید که با سری خمیده خوابیده بود.

His hands were clasped, and his sleep was restless and broken.

دستانش در هم گره خورده بود و خوابش آشفته و بریده بریده بود.

He used to wake with a start and stare fearfully into the dark.

او قبلاً با تکان از خواب بیدار می‌شد و با ترس به تاریکی خیره می‌شد.

Then he'd toss more wood onto the fire to keep the flame bright.

سپس چوب بیشتری روی آتش می‌ریخت تا شعله را روشن نگه دارد.

Sometimes they walked along a beach by a gray, endless sea.

گاهی اوقات آنها در امتداد ساحلی کنار دریایی خاکستری و بی‌کران قدم می‌زدند.

The hairy man picked shellfish and ate them as he walked.

مرد پشمالو صدف می‌چید و همانطور که راه می‌رفت آنها را می‌خورد.

His eyes searched always for hidden dangers in the shadows.

چشمانش همیشه در تاریکی‌ها به دنبال خطرات پنهان می‌گشت.

His legs were always ready to sprint at the first sign of threat.

پاهایش همیشه آماده بودند تا با اولین نشانه‌ی تهدید، با سرعت بدوند.

They crept through the forest, silent and wary, side by side.

آنها در جنگل، ساکت و محتاط، در کنار هم، یواشکی پیش می‌رفتند.

Buck followed at his heels, and both of them stayed alert.

باک پشت سر او رفت و هر دو هوشیار ماندند.

Their ears twitched and moved, their noses sniffed the air.

گوش‌هایشان تکان می‌خورد و حرکت می‌کرد، بینی‌هایشان هوا را بو می‌کشید.

The man could hear and smell the forest as sharply as Buck.

آن مرد می‌توانست به تیزیِ باک، صدای جنگل را بشنود و بو بکشد.

The hairy man swung through the trees with sudden speed.

مرد پشمالو با سرعتی ناگهانی از میان درختان گذشت.

He leapt from branch to branch, never missing his grip.

او از شاخه‌ای به شاخه‌ی دیگر می‌پرید و لحظه‌ای دستش را از دست نمی‌داد.

He moved as fast above the ground as he did upon it.

او با همان سرعتی که روی زمین حرکت می‌کرد، روی آن نیز حرکت می‌کرد.

Buck remembered long nights beneath the trees, keeping watch.

باک شب‌های طولانی زیر درختان را به یاد آورد که در آنها نگهبانی می‌داد.

The man slept roosting in the branches, clinging tight.

مرد در حالی که محکم به شاخه‌ها چسبیده بود، در میان آنها لانه کرده و خوابیده بود.

This vision of the hairy man was tied closely to the deep call.

این رؤیای مرد پشمالو ارتباط نزدیکی با ندای عمیق داشت.

The call still sounded through the forest with haunting force.

آن صدا هنوز با نیرویی وهم‌آور در جنگل طنین‌انداز بود.

The call filled Buck with longing and a restless sense of joy.

این تماس، باک را سرشار از اشتیاق و حس شادی بی‌قراری کرد.

He felt strange urges and stirrings that he could not name.

او امیال و هیجانات عجیبی را احساس می‌کرد که نمی‌توانست نامی برای آنها بگذارد.

Sometimes he followed the call deep into the quiet woods.

گاهی اوقات او این ندا را تا اعماق جنگل آرام دنبال می‌کرد.

He searched for the calling, barking softly or sharply as he went.

او به دنبال صدا می‌گشت، و در حین رفتن، آرام یا تند پارس می‌کرد.

He sniffed the moss and black soil where the grasses grew.

او خزه و خاک سیاهی را که علف‌ها روییده بودند، بو کشید.

He snorted with delight at the rich smells of the deep earth.

او با لذت از بوهای غنی اعماق زمین پوزخندی زد.

He crouched for hours behind trunks covered in fungus.

او ساعت‌ها پشت تنه‌های پوشیده از قارچ چمباتمه زد.

He stayed still, listening wide-eyed to every tiny sound.

او بی‌حرکت ماند و با چشمانی گشاد شده به هر صدای کوچکی گوش داد.

He may have hoped to surprise the thing that gave the call.

شاید امیدوار بود موجودی که این تماس را برقرار کرده بود، غافلگیر کند.

He did not know why he acted this way—he simply did.

او نمی‌دانست چرا این‌طور رفتار می‌کند ـ او صرفاً این کار را می‌کرد.

The urges came from deep within, beyond thought or reason.

این تمایلات از اعماق وجودم، فراتر از فکر یا عقل، می‌آمدند.

Irresistible urges took hold of Buck without warning or reason.

میل و اشتیاقی مقاومت‌ناپذیر، بدون هیچ هشدار یا دلیلی، باک را فرا گرفت.

At times he was dozing lazily in camp under the midday heat.

گاهی اوقات او در اردوگاه، زیر گرمای ظهر، تنبلانه چرت می‌زد.

Suddenly, his head lifted and his ears shoot up alert.

ناگهان سرش را بالا آورد و گوش‌هایش تیز شد و به هوش آمد.

Then he sprang up and dash into the wild without pause.

سپس از جا پرید و بدون مکث به دل طبیعت وحشی زد.
He ran for hours through forest paths and open spaces.
او ساعت‌ها در مسیرهای جنگلی و فضاهای باز دوید.
He loved to follow dry creek beds and spy on birds in the trees.
او عاشق دنبال کردن بسترهای خشک نهرها و جاسوسی کردن از پرندگان روی درختان بود.
He could lie hidden all day, watching partridges strut around.
او می‌توانست تمام روز پنهان بماند و کبک‌هایی را که در اطراف می‌غریدند تماشا کند.
They drummed and marched, unaware of Buck's still presence.
آنها طبل می‌زدند و رژه می‌رفتند، بی‌خبر از حضور بی‌حرکت باک.
But what he loved most was running at twilight in summer.
اما چیزی که او بیش از همه دوست داشت، دویدن در گرگ و میش تابستان بود.
The dim light and sleepy forest sounds filled him with joy.
نور کم و صداهای خواب‌آلود جنگل او را سرشار از شادی کرد.
He read the forest signs as clearly as a man reads a book.
او تابلوهای جنگل را به وضوحی که یک نفر کتاب می‌خواند، می‌خواند.
And he searched always for the strange thing that called him.
و او همیشه به دنبال آن چیز عجیب که او را صدا می‌زد، می‌گشت.
That calling never stopped—it reached him waking or sleeping.
آن ندا هرگز متوقف نشد - چه در خواب و چه در بیداری به گوش او می‌رسید.

One night, he woke with a start, eyes sharp and ears high.
یک شب، با وحشت از خواب پرید، چشمانش تیزبین و گوش‌هایش تیز شده بود.
His nostrils twitched as his mane stood bristling in waves.
سوراخ‌های بینی‌اش تکان می‌خوردند، در حالی که یال‌هایش موج می‌زدند و سیخ می‌شدند.
From deep in the forest came the sound again, the old call.

از اعماق جنگل دوباره صدا آمد، همان ندای قدیمی.

This time the sound rang clearly, a long, haunting, familiar howl.

این بار صدا به وضوح طنین انداز شد، زوزه ای طولانی، دلهره آور و آشنا.

It was like a husky's cry, but strange and wild in tone.

مثل جیغ هاسکی بود، اما لحنی عجیب و وحشی داشت.

Buck knew the sound at once—he had heard the exact sound long ago.

باک فوراً صدا را شناخت ـ او دقیقاً همان صدا را مدت‌ها پیش شنیده بود.

He leapt through camp and vanished swiftly into the woods.

او از میان اردوگاه پرید و به سرعت در جنگل ناپدید شد.

As he neared the sound, he slowed and moved with care.

همین که به صدا نزدیک شد، سرعتش را کم کرد و با احتیاط حرکت کرد.

Soon he reached a clearing between thick pine trees.

خیلی زود به فضای بازی بین درختان کاج انبوه رسید.

There, upright on its haunches, sat a tall, lean timber wolf.

آنجا، یک گرگ جنگلی قدبلند و لاغر، روی پاهایش ایستاده بود.

The wolf's nose pointed skyward, still echoing the call.

بینی گرگ رو به آسمان بود و هنوز صدایش را منعکس می‌کرد.

Buck had made no sound, yet the wolf stopped and listened.

باک هیچ صدایی از خودش درنیاورده بود، با این حال گرگ ایستاد و گوش داد.

Sensing something, the wolf tensed, searching the darkness.

گرگ که چیزی را حس کرده بود، منقبض شد و در تاریکی به جستجو پرداخت.

Buck crept into view, body low, feet quiet on the ground.

باک، با بدنی خمیده و پاهایی آرام روی زمین، یواشکی وارد میدان دید شد.

His tail was straight, his body coiled tight with tension.

دمش صاف بود و بدنش از شدت فشار، محکم در هم پیچیده بود.

He showed both threat and a kind of rough friendship.

او هم تهدید و هم نوعی دوستی خشن را نشان داد.

It was the wary greeting shared by beasts of the wild.

این همان سلام و احوالپرسی محتاطانه‌ای بود که حیوانات وحشی با هم رد و بدل می‌کردند.

But the wolf turned and fled as soon as it saw Buck.

اما گرگ به محض دیدن باک برگشت و فرار کرد.

Buck gave chase, leaping wildly, eager to overtake it.

باک، در حالی که وحشیانه می‌پرید و مشتاق بود از آن سبقت بگیرد، به دنبالش دوید.

He followed the wolf into a dry creek blocked by a timber jam.

او گرگ را تا نهر خشکی که با توده‌ای از الوار مسدود شده بود، دنبال کرد.

Cornered, the wolf spun around and stood its ground.

گرگ که در گوشه‌ای گیر افتاده بود، چرخید و سر جایش ایستاد.

The wolf snarled and snapped like a trapped husky dog in a fight.

گرگ مثل یک سگ هاسکی که در دام دعوا گرفتار شده باشد، غرید و جیغ کشید.

The wolf's teeth clicked fast, its body bristling with wild fury.

دندان‌های گرگ به سرعت به هم می‌خوردند و بدنش از خشم وحشی‌اش مورمور می‌شد.

Buck did not attack but circled the wolf with careful friendliness.

باک حمله نکرد، اما با احتیاط و دوستانه دور گرگ حلقه زد.

He tried to block his escape by slow, harmless movements.

او سعی کرد با حرکات آهسته و بی‌ضرر، راه فرارش را سد کند.

The wolf was wary and scared—Buck outweighed him three times.

گرگ محتاط و ترسیده بود—باک سه برابر از او سنگین‌تر بود.

The wolf's head barely reached up to Buck's massive shoulder.

سر گرگ به زحمت به شانه‌ی عظیم باک می‌رسید.

Watching for a gap, the wolf bolted and the chase began again.

گرگ که به دنبال جایی برای باز شدن می‌گشت، فرار کرد و تعقیب و گریز دوباره آغاز شد.

Several times Buck cornered him, and the dance repeated.

باک چندین بار او را گیر انداخت و رقص تکرار شد.

The wolf was thin and weak, or Buck could not have caught him.

گرگ لاغر و ضعیف بود، وگرنه باک نمی‌توانست او را بگیرد.

Each time Buck drew near, the wolf spun and faced him in fear.

هر بار که باک نزدیک می‌شد، گرگ می‌چرخید و با ترس به او نزدیک می‌شد.

Then at the first chance, he dashed off into the woods once more.

سپس در اولین فرصتی که به دست آورد، دوباره به جنگل دوید.

But Buck did not give up, and finally the wolf came to trust him.

اما باک تسلیم نشد و بالاخره گرگ به او اعتماد کرد.

He sniffed Buck's nose, and the two grew playful and alert.

او بینی باک را بو کشید و هر دو بازیگوش و هوشیار شدند.

They played like wild animals, fierce yet shy in their joy.

آنها مثل حیوانات وحشی بازی می‌کردند، در عین حال که در شادی خود خجالتی بودند، درنده نیز بودند.

After a while, the wolf trotted off with calm purpose.

بعد از مدتی، گرگ با آرامش و هدفی مشخص، یورتمه رفت.

He clearly showed Buck that he meant to be followed.

او به وضوح به باک نشان داد که قصد دارد از او پیروی شود.

They ran side by side through the twilight gloom.

آنها در تاریکی گرگ و میش، دوشادوش هم می‌دویدند.

They followed the creek bed up into the rocky gorge.

آنها بستر نهر را تا بالای تنگه سنگی دنبال کردند.

They crossed a cold divide where the stream had begun.

آنها از یک شکاف سرد، جایی که جویبار شروع می‌شد، عبور کردند.

On the far slope they found wide forest and many streams.

در دامنه دوردست، جنگل وسیع و نهرهای زیادی یافتند.

Through this vast land, they ran for hours without stopping.

آنها ساعت‌ها بدون توقف در این سرزمین پهناور دویدند.

The sun rose higher, the air grew warm, but they ran on.

خورشید بالاتر آمد، هوا گرم شد، اما آنها به دویدن ادامه دادند.

Buck was filled with joy—he knew he was answering his calling.

باک سرشار از شادی بود - می‌دانست که به ندای درونش پاسخ می‌دهد.

He ran beside his forest brother, closer to the call's source.

او در کنار برادر جنگلی‌اش دوید و به منبع صدا نزدیک‌تر شد.

Old feelings returned, powerful and hard to ignore.

احساسات قدیمی برگشتند، قدرتمند و غیرقابل چشم‌پوشی.

These were the truths behind the memories from his dreams.

اینها حقایق پشت خاطرات رویاهایش بودند.

He had done all this before in a distant and shadowy world.

او همه این کارها را قبلاً در دنیایی دور و سایه‌وار انجام داده بود.

Now he did this again, running wild with the open sky above.

حالا او دوباره این کار را انجام داد، و با سرعتی دیوانه‌وار در آسمان باز بالای سرش می‌دوید.

They stopped at a stream to drink from the cold flowing water.

آنها کنار جویباری توقف کردند تا از آب خنک و روان آن بنوشند.

As he drank, Buck suddenly remembered John Thornton.

باک همینطور که داشت جرعه جرعه می‌نوشید، ناگهان به یاد جان تورنتون افتاد.

He sat down in silence, torn by the pull of loyalty and the calling.

او در سکوت نشست، در حالی که کشش وفاداری و رسالت وجودش را فرا گرفته بود.

The wolf trotted on, but came back to urge Buck forward.

گرگ به راهش ادامه داد، اما برگشت تا باک را به جلو هل دهد.

He sniffed his nose and tried to coax him with soft gestures.

بینی‌اش را بالا کشید و سعی کرد با حرکات نرم او را اغوا کند.

But Buck turned around and started back the way he came.

اما باک برگشت و از همان راهی که آمده بود، شروع به بازگشت کرد.

The wolf ran beside him for a long time, whining quietly.

گرگ مدت زیادی در کنارش دوید و آرام ناله می‌کرد.

Then he sat down, raised his nose, and let out a long howl.

سپس نشست، دماغش را بالا کشید و زوزه بلندی کشید.

It was a mournful cry, softening as Buck walked away.

ناله‌ای سوزناک بود که با دور شدن باک، آرام‌تر شد.

Buck listened as the sound of the cry faded slowly into the forest silence.

باک گوش داد که صدای گریه به آرامی در سکوت جنگل محو شد.

John Thornton was eating dinner when Buck burst into the camp.

جان تورنتون داشت شام می‌خورد که باک ناگهان وارد اردوگاه شد.

Buck leapt upon him wildly, licking, biting, and tumbling him.

باک وحشیانه به سمت او پرید، او را لیس زد، گاز گرفت و غلتاند.

He knocked him over, scrambled on top, and kissed his face.

او را برانداز کرد، رویش پرید و صورتش را بوسید.

Thornton called this "playing the general tom-fool" with affection.

تورنتون این کار را «بازی کردن نقش ژنرال با محبت» نامید.

All the while, he cursed Buck gently and shook him back and forth.

در تمام این مدت، او به آرامی باک را نفرین می‌کرد و او را به عقب و جلو تکان می‌داد.

For two whole days and nights, Buck never left the camp once.

باک دو شبانه‌روز تمام، حتی یک بار هم از اردوگاه بیرون نرفت.

He kept close to Thornton and never let him out of his sight.

او همیشه نزدیک تورنتون بود و هرگز او را از نظر دور نمی‌کرد.

He followed him as he worked and watched him while he ate.

او هنگام کار او را دنبال می‌کرد و هنگام غذا خوردن او را تماشا می‌کرد.

He saw Thornton into his blankets at night and out each morning.

او تورنتون را می‌دید که شب‌ها پتوهایش را می‌پوشید و هر روز صبح بیرون می‌آمد.

But soon the forest call returned, louder than ever before.

اما خیلی زود آوای جنگل، بلندتر از همیشه، بازگشت.

Buck grew restless again, stirred by thoughts of the wild wolf.

باک دوباره بی‌قرار شد، افکار گرگ وحشی او را به تکاپو انداخته بود.

He remembered the open land and running side by side.

او زمین باز و دویدن در کنار هم را به یاد آورد.

He began wandering into the forest once more, alone and alert.

او دوباره، تنها و هوشیار، شروع به پرسه زدن در جنگل کرد.

But the wild brother did not return, and the howl was not heard.

اما برادر وحشی برنگشت و زوزه هم شنیده نشد.

Buck started sleeping outside, staying away for days at a time.

باک شروع به خوابیدن در فضای باز کرد و گاهی اوقات چند روز از خانه بیرون می‌رفت.

Once he crossed the high divide where the creek had begun.

یک بار از شکاف بلندی که نهر از آن شروع می‌شد، عبور کرد.

He entered the land of dark timber and wide flowing streams.

او وارد سرزمین جنگل‌های تیره و نهر‌های پهن و روان شد.

For a week he roamed, searching for signs of the wild brother.

او یک هفته پرسه زد و به دنبال نشانه‌ای از برادر وحشی گشت.

He killed his own meat and travelled with long, tireless strides.

او گوشت خودش را شکار می‌کرد و با گام‌های بلند و خستگی‌ناپذیر سفر می‌کرد.

He fished for salmon in a wide river that reached the sea.

او در رودخانه‌ای وسیع که به دریا می‌رسید، ماهی قزل‌آلا صید می‌کرد.

There, he fought and killed a black bear maddened by bugs.

در آنجا، او با یک خرس سیاه که از حشرات دیوانه شده بود، جنگید و او را کشت.

The bear had been fishing and ran blindly through the trees.

خرس مشغول ماهیگیری بود و کورکورانه از میان درختان می‌دوید.

The battle was a fierce one, waking Buck's deep fighting spirit up.

نبرد، نبردی سهمگین بود و روحیه‌ی جنگندگی عمیق باک را بیدار کرد.

Two days later, Buck returned to find wolverines at his kill.

دو روز بعد، باک برگشت و دید که ولورین‌ها در شکارگاهش هستند.

A dozen of them quarreled over the meat in noisy fury.

دوازده نفر از آنها با خشم و هیاهو بر سر گوشت دعوا می‌کردند.

Buck charged and scattered them like leaves in the wind.

باک حمله کرد و آنها را مانند برگ‌هایی در باد پراکنده کرد.

Two wolves remained behind—silent, lifeless, and unmoving forever.

دو گرگ پشت سر ماندند - ساکت، بی‌جان و بی‌حرکت برای همیشه.

The thirst for blood grew stronger than ever.

عطش خون بیش از پیش در او شعله‌ور شد.

Buck was a hunter, a killer, feeding off living creatures.

باک یک شکارچی بود، یک قاتل، که از موجودات زنده تغذیه می‌کرد.

He survived alone, relying on his strength and sharp senses.

او به تنهایی و با تکیه بر قدرت و حواس تیز خود زنده ماند.

He thrived in the wild, where only the toughest could live.

او در طبیعت وحشی، جایی که فقط سرسخت‌ترین‌ها می‌توانستند زندگی کنند، رشد کرد.

From this, a great pride rose up and filled Buck's whole being.

از این رو، غروری عظیم برخاست و تمام وجود باک را فرا گرفت.

His pride showed in his every step, in the ripple of every muscle.

غرورش در هر قدمش، در موج هر عضله‌اش نمایان بود.

His pride was as clear as speech, seen in how he carried himself.

غرورش به روشنیِ کلامش بود، و از رفتارش پیدا بود.

Even his thick coat looked more majestic and gleamed brighter.

حتی کت ضخیمش هم باشکوه‌تر به نظر می‌رسید و برق بیشتری می‌زد.

Buck could have been mistaken for a giant timber wolf.

ممکن بود باک را با یک گرگ جنگلی غول‌پیکر اشتباه گرفته باشند.

Except for brown on his muzzle and spots above his eyes.

به جز قهوه‌ای روی پوزه و لکه‌های بالای چشمانش.

And the white streak of fur that ran down the middle of his chest.

و رگه سفید خز که از وسط سینه‌اش پایین می‌آمد.

He was even larger than the biggest wolf of that fierce breed.

او حتی از بزرگترین گرگ آن نژاد درنده هم بزرگتر بود.

His father, a St. Bernard, gave him size and heavy frame.

پدرش، یک سنت برنارد، به او جثه بزرگ و هیکل درشتی داد.

His mother, a shepherd, shaped that bulk into wolf-like form.

مادرش، که یک چوپان بود، آن جثه را به شکل گرگ درآورد.

He had the long muzzle of a wolf, though heavier and broader.

او پوزه بلند گرگ را داشت، هرچند سنگین‌تر و پهن‌تر بود.

His head was a wolf's, but built on a massive, majestic scale.

سرش به شکل سر گرگ بود، اما در مقیاسی عظیم و باشکوه ساخته شده بود.

Buck's cunning was the cunning of the wolf and of the wild.

حیله‌گری باک، حیله‌گری گرگ و حیات وحش بود.

His intelligence came from both the German Shepherd and St. Bernard.

هوش او هم از سگ ژرمن شپرد و هم از سگ سنت برنارد نشأت می‌گرفت.

All this, plus harsh experience, made him a fearsome creature.

همه اینها، به علاوه تجربیات سخت، او را به موجودی ترسناک تبدیل کرده بود.

He was as formidable as any beast that roamed the northern wild.

او به اندازه هر جانوری که در طبیعت وحشی شمال پرسه می‌زد، مهیب بود.

Living only on meat, Buck reached the full peak of his strength.

باک که فقط با گوشت زندگی می‌کرد، به اوج قدرت خود رسید.

He overflowed with power and male force in every fiber of him.

او در هر ذره وجودش سرشار از قدرت و نیروی مردانه بود.

When Thornton stroked his back, the hairs sparked with energy.

وقتی تورنتون پشتش را نوازش کرد، موهایش از انرژی برق زدند.

Each hair crackled, charged with the touch of living magnetism.

هر تار مو، با لمس مغناطیس زنده، خش خش می‌کرد.

His body and brain were tuned to the finest possible pitch.

بدن و مغز او با بهترین زیر و بمی ممکن تنظیم شده بود.

Every nerve, fiber, and muscle worked in perfect harmony.

هر عصب، فیبر و عضله با هماهنگی کامل کار می‌کرد.

To any sound or sight needing action, he responded instantly.

به هر صدا یا منظره‌ای که نیاز به اقدام داشت، فوراً واکنش نشان می‌داد.

If a husky leaped to attack, Buck could leap twice as fast.

اگر یک سگ هاسکی برای حمله می‌پرید، باک می‌توانست دو برابر سریع‌تر بپرد.

He reacted quicker than others could even see or hear.

او سریع‌تر از آنچه دیگران می‌توانستند ببینند یا بشنوند، واکنش نشان داد.

Perception, decision, and action all came in one fluid moment.

ادراک، تصمیم و عمل، همه در یک لحظه سیال رخ دادند.

In truth, these acts were separate, but too fast to notice.

در حقیقت، این اعمال از هم جدا بودند، اما خیلی سریع اتفاق می‌افتادند و قابل تشخیص نبودند.

So brief were the gaps between these acts, they seemed as one.

فاصله‌ی بین این دو پرده آنقدر کوتاه بود که گویی یکی بودند.

His muscles and being was like tightly coiled springs.

عضلات و وجودش مانند فنرهایی بودند که محکم به هم پیچیده شده بودند.

His body surged with life, wild and joyful in its power.

بدنش سرشار از زندگی بود، وحشی و شاد در قدرتش.

At times he felt like the force was going to burst out of him entirely.

گاهی اوقات احساس می‌کرد که این نیرو می‌خواهد کاملاً از وجودش بیرون بپرد.

"Never was there such a dog," Thornton said one quiet day.

تورنتون یک روز آرام گفت: «هیچ‌وقت چنین سگی وجود نداشته است.»

The partners watched Buck striding proudly from the camp.

شرکا باک را تماشا می‌کردند که با غرور و افتخار از اردوگاه خارج می‌شد.

"When he was made, he changed what a dog can be," said Pete.

پیت گفت: «وقتی او ساخته شد، ماهیت یک سگ را تغییر داد.»

"By Jesus! I think so myself," Hans quickly agreed.

هانس فوراً موافقت کرد: «به عیسی مسیح قسم خودم هم همین فکر را می‌کنم.»

They saw him march off, but not the change that came after.

آنها رفتن او را دیدند، اما تغییری که پس از آن رخ داد را ندیدند.

As soon as he entered the woods, Buck transformed completely.

به محض اینکه باک وارد جنگل شد، کاملاً دگرگون شد.

He no longer marched, but moved like a wild ghost among trees.

او دیگر رژه نمی‌رفت، بلکه مانند روحی وحشی در میان درختان حرکت می‌کرد.

He became silent, cat-footed, a flicker passing through shadows.

او ساکت شد، مثل گربه راه می‌رفت، مثل سوسویی که از میان سایه‌ها عبور می‌کرد.

He used cover with skill, crawling on his belly like a snake.

او با مهارت از پوشش استفاده می‌کرد و مانند مار روی شکمش می‌خزید.

And like a snake, he could leap forward and strike in silence.

و مانند یک مار، می‌توانست به جلو بپرد و در سکوت حمله کند.

He could steal a ptarmigan straight from its hidden nest.

او می‌توانست یک مرغ باران را مستقیماً از لانه پنهانش بدزدد.

He killed sleeping rabbits without a single sound.

او خرگوش‌های خوابیده را بدون هیچ صدایی کشت.

He could catch chipmunks midair as they fled too slowly.

او می‌توانست سنجاب‌ها را در هوا بگیرد، چون خیلی آهسته فرار می‌کردند.

Even fish in pools could not escape his sudden strikes.

حتی ماهی‌های توی برکه‌ها هم نمی‌توانستند از ضربات ناگهانی او در امان بمانند.

Not even clever beavers fixing dams were safe from him.

حتی سگ‌های آبی باهوش که سدها را تعمیر می‌کردند هم از دست او در امان نبودند.

He killed for food, not for fun — but liked his own kills best.

او برای غذا می‌کُشت، نه برای تفریح ـ اما شکارهای خودش را بیشتر دوست داشت.

Still, a sly humor ran through some of his silent hunts.

با این حال، نوعی طنز زیرکانه در برخی از شکارهای خاموش او موج می‌زد.

He crept up close to squirrels, only to let them escape.

او یواشکی به سنجاب‌ها نزدیک شد، اما آنها را فراری داد.

They were going to flee to the trees, chattering in fearful outrage.

آنها در حالی که از ترس و خشم با هم پچ پچ می‌کردند، می‌خواستند به سمت درختان فرار کنند.

As fall came, moose began to appear in greater numbers.

با فرا رسیدن پاییز، تعداد گوزن‌های شمالی بیشتر شد.

They moved slowly into the low valleys to meet the winter.

آنها به آرامی به سمت دره‌های پست حرکت کردند تا به استقبال زمستان بروند.

Buck had already brought down one young, stray calf.

باک قبلاً یک گوساله جوان و ولگرد را از پا درآورده بود.

But he longed to face larger, more dangerous prey.

اما او آرزو داشت با طعمه‌های بزرگتر و خطرناک‌تری روبرو شود.

One day on the divide, at the creek's head, he found his chance.

روزی در سراشیبی رودخانه، در ابتدای نهر، فرصت مناسبی پیدا کرد.

A herd of twenty moose had crossed from forested lands.

گله‌ای متشکل از بیست گوزن شمالی از سرزمین‌های جنگلی عبور کرده بودند.

Among them was a mighty bull; the leader of the group.

در میان آنها یک گاو نر قدرتمند بود؛ رهبر گروه.

The bull stood over six feet tall and looked fierce and wild.

گاو نر بیش از شش فوت قد داشت و وحشی و درنده به نظر می‌رسید.

He tossed his wide antlers, fourteen points branching outward.

شاخ‌های پهنش را که چهارده نوکشان به بیرون منشعب شده بود، پرتاب کرد.

The tips of those antlers stretched seven feet across.

نوک آن شاخ‌ها هفت فوت)حدود دو متر(امتداد داشت.

His small eyes burned with rage as he spotted Buck nearby.

وقتی باک را در همان نزدیکی دید، چشمان کوچکش از خشم سوختند.

He let out a furious roar, trembling with fury and pain.

او غرش خشمگینی سر داد و از خشم و درد می‌لرزید.

An arrow-end stuck out near his flank, feathered and sharp.

نوک پیکانی نزدیک پهلویش بیرون زده بود، پردار و تیز.

This wound helped explain his savage, bitter mood.

این زخم به توضیح خلق و خوی وحشی و تلخ او کمک کرد.

Buck, guided by ancient hunting instinct, made his move.

باک، که غریزه شکار باستانی‌اش او را هدایت می‌کرد، حرکتش را انجام داد.

He aimed to separate the bull from the rest of the herd.

او قصد داشت گاو نر را از بقیه گله جدا کند.

This was no easy task—it took speed and fierce cunning.

این کار آسانی نبود ـ به سرعت و زیرکی شدید نیاز داشت.

He barked and danced near the bull, just out of range.

او نزدیک گاو نر، درست خارج از محدوده‌ی دیدش، پارس کرد و رقصید.

The moose lunged with huge hooves and deadly antlers.

گوزن شمالی با سم‌های عظیم و شاخ‌های کشنده‌اش به سرعت حمله کرد.

One blow could have ended Buck's life in a heartbeat.

یک ضربه می‌توانست در یک چشم به هم زدن به زندگی باک پایان دهد.

Unable to leave the threat behind, the bull grew mad.

گاو نر که نمی‌توانست تهدید را پشت سر بگذارد، دیوانه شد.

He charged in fury, but Buck always slipped away.

او با خشم حمله کرد، اما باک همیشه فرار می‌کرد.

Buck faked weakness, luring him farther from the herd.

باک وانمود به ضعف کرد و او را از گله دورتر کشاند.

But young bulls were going to charge back to protect the leader.

اما گاوهای نر جوان قصد داشتند برای محافظت از رهبر، حمله کنند.

They forced Buck to retreat and the bull to rejoin the group.

آنها باک را مجبور به عقب‌نشینی و گاو نر را مجبور به پیوستن مجدد به گروه کردند.

There is a patience in the wild, deep and unstoppable.

در طبیعت وحشی، صبری عمیق و توقف‌ناپذیر وجود دارد.

A spider waits motionless in its web for countless hours.

یک عنکبوت ساعت‌های بی‌شماری بی‌حرکت در تار خود منتظر می‌ماند.

A snake coils without twitching, and waits till it is time.

مار بدون تکان خوردن چنبره می‌زند و منتظر می‌ماند تا زمانش فرا برسد.

A panther lies in ambush, until the moment arrives.

پلنگی در کمین است، تا لحظه موعود فرا رسد.

This is the patience of predators who hunt to survive.

این صبر شکارچیانی است که برای بقا شکار می‌کنند.

That same patience burned inside Buck as he stayed close.

همان صبر و شکیبایی در درون باک شعله‌ور بود، همچنان که نزدیک او می‌ماند.

He stayed near the herd, slowing its march and stirring fear.

او نزدیک گله ماند، حرکتشان را کند کرد و ترس را در آنها برانگیخت.

He teased the young bulls and harassed the mother cows.

او گاوهای نر جوان را اذیت می‌کرد و گاوهای ماده را آزار می‌داد.

He drove the wounded bull into a deeper, helpless rage.

او گاو نر زخمی را به خشمی عمیق‌تر و درمانده‌تر فرو برد.

For half a day, the fight dragged on with no rest at all.

نصف روز، جنگ بدون هیچ استراحتی ادامه یافت.

Buck attacked from every angle, fast and fierce as wind.

باک از هر زاویه‌ای حمله کرد، سریع و خشمگین چون باد.

He kept the bull from resting or hiding with its herd.

او مانع از استراحت یا پنهان شدن گاو نر با گله‌اش شد.

Buck wore down the moose's will faster than its body.

باک اراده‌ی گوزن را سریع‌تر از بدنش تحلیل برد.

The day passed and the sun sank low in the northwest sky.

روز گذشت و خورشید در آسمان شمال غربی فرو رفت.

The young bulls returned more slowly to help their leader.

گاوهای نر جوان آهسته‌تر برگشتند تا به رهبرشان کمک کنند.

Fall nights had returned, and darkness now lasted six hours.

شب‌های پاییزی دوباره برگشته بودند و تاریکی حالا شش ساعت طول می‌کشید.

Winter was pressing them downhill into safer, warmer valleys.

زمستان آنها را به سمت دره‌های امن‌تر و گرم‌تر هل می‌داد.

But still they couldn't escape the hunter that held them back.

اما هنوز هم نمی‌توانستند از شکارچی که آنها را عقب نگه داشته بود، فرار کنند.

Only one life was at stake—not the herd's, just their leader's.
فقط یک جان در خطر بود - نه جان گله، فقط جان رهبرشان.
That made the threat distant and not their urgent concern.
این باعث شد تهدید دور از دسترس آنها باشد و دیگر دغدغه فوری آنها نباشد.
In time, they accepted this cost and let Buck take the old bull.
با گذشت زمان، آنها این هزینه را پذیرفتند و اجازه دادند باک گاو نر پیر را تصاحب کند.
As twilight settled in, the old bull stood with his head down.
همین که گرگ و میش غروب فرا رسید، گاو نر پیر سرش را پایین انداخته بود و ایستاده بود.
He watched the herd he had led vanish into the fading light.
او ناپدید شدن گله ای را که هدایت کرده بود در نور رو به زوال تماشا کرد.
There were cows he had known, calves he had once fathered.
گاوهایی بودند که او می‌شناخت، گوساله‌هایی که زمانی پدرشان بود.
There were younger bulls he had fought and ruled in past seasons.
گاوهای نر جوان‌تری هم بودند که او در فصل‌های گذشته با انها جنگیده و پیروز شده بود.
He could not follow them—for before him crouched Buck again.
او نمی‌توانست آنها را دنبال کند - زیرا باک دوباره جلوی او چمباتمه زده بود.
The merciless fanged terror blocked every path he might take.
وحشت بی‌رحم و نیش‌دار، هر مسیری را که او می‌توانست انتخاب کند، مسدود می‌کرد.
The bull weighed more than three hundredweight of dense power.
گاو نر بیش از سیصد کیلوگرم وزن داشت و قدرت متراکمی داشت.
He had lived long and fought hard in a world of struggle.
او عمری دراز کرده و در دنیایی از مبارزه، سخت جنگیده بود.

Yet now, at the end, death came from a beast far beneath him.
با این حال، اکنون، در پایان، مرگ از سوی هیولایی بسیار پایین‌تر از او فرا رسید.
Buck's head did not even rise to the bull's huge knuckled knees.
سر باک حتی به زانوهای بزرگ و گره خورده‌ی گاو نر هم نرسید.
From that moment on, Buck stayed with the bull night and day.
از آن لحظه به بعد، باک شب و روز در کنار گاو ماند.
He never gave him rest, never allowed him to graze or drink.
او هرگز به او استراحت نداد، هرگز اجازه نداد علف بخورد یا آب بنوشد.
The bull tried to eat young birch shoots and willow leaves.
گاو نر سعی کرد شاخه‌های جوان توس و برگ‌های بید را بخورد.
But Buck drove him off, always alert and always attacking.
اما باک او را از خود راند، همیشه هوشیار و همیشه در حال حمله.
Even at trickling streams, Buck blocked every thirsty attempt.
حتی در کنار جویبارهای جاری، باک هر تلاش تشنه‌ای را مسدود می‌کرد.
Sometimes, in desperation, the bull fled at full speed.
گاهی اوقات، از روی ناچاری، گاو نر با تمام سرعت فرار می‌کرد.
Buck let him run, loping calmly just behind, never far away.
باک گذاشت او بدود، و آرام و بی‌صدا، درست پشت سرش، بدون اینکه خیلی دور شود، جست و خیز می‌کرد.
When the moose paused, Buck lay down, but stayed ready.
وقتی گوزن مکث کرد، باک دراز کشید، اما آماده ماند.
If the bull tried to eat or drink, Buck struck with full fury.
اگر گاو نر سعی می‌کرد چیزی بخورد یا بنوشد، باک با خشم کامل او را می‌زد.
The bull's great head sagged lower under its vast antlers.
سر بزرگ گاو نر زیر شاخ‌های پهنش پایین‌تر خم شده بود.
His pace slowed, the trot became a heavy; a stumbling walk.
قدم‌هایش کند شد، یورتمه سنگین شد؛ قدم‌هایی که تلوتلو می‌خوردند.
He often stood still with drooped ears and nose to the ground.

او اغلب با گوش‌های افتاده و بینی به زمین، بی‌حرکت می‌ایستاد.

During those moments, Buck took time to drink and rest.

در آن لحظات، باک زمانی را برای نوشیدن و استراحت اختصاص می‌داد.

Tongue out, eyes fixed, Buck sensed the land was changing.

باک در حالی که زبانش را بیرون آورده بود و چشمانش خیره مانده بود، احساس کرد که زمین در حال تغییر است.

He felt something new moving through the forest and sky.

او احساس کرد چیز جدیدی در جنگل و آسمان در حال حرکت است.

As moose returned, so did other creatures of the wild.

همزمان با بازگشت گوزن شمالی، سایر موجودات وحشی نیز بازگشتند.

The land felt alive with presence, unseen but strongly known.

سرزمین با حضور، نادیده اما کاملاً شناخته شده، زنده به نظر می‌رسید.

It was not by sound, sight, nor by scent that Buck knew this.

باک این را نه از طریق صدا، نه از طریق دید و نه از طریق بو نمی‌دانست.

A deeper sense told him that new forces were on the move.

حسی عمیق‌تر به او می‌گفت که نیروهای جدیدی در راهند.

Strange life stirred through the woods and along the streams.

زندگی عجیبی در جنگل‌ها و در امتداد نهرها موج می‌زد.

He resolved to explore this spirit, after the hunt was complete.

او تصمیم گرفت پس از اتمام شکار، این روح را کشف کند.

On the fourth day, Buck brought down the moose at last.

روز چهارم، باک بالاخره گوزن را پایین آورد.

He stayed by the kill for a full day and night, feeding and resting.

او یک شبانه‌روز کامل کنار شکار ماند، غذا خورد و استراحت کرد.

He ate, then slept, then ate again, until he was strong and full.

او غذا خورد، سپس خوابید، سپس دوباره غذا خورد، تا اینکه قوی و سیر شد.

When he was ready, he turned back toward camp and Thornton.

وقتی آماده شد، به سمت کمپ و تورنتون برگشت.

With steady pace, he began the long return journey home.

با سرعتی ثابت، سفر طولانی بازگشت به خانه را آغاز کرد.

He ran in his tireless lope, hour after hour, never once straying.

او با سرعت خستگی‌ناپذیرش، ساعت‌ها می‌دوید، و حتی یک لحظه هم از مسیر منحرف نمی‌شد.

Through unknown lands, he moved straight as a compass needle.

در سرزمین‌های ناشناخته، او همچون عقربه قطب‌نما، مستقیم حرکت می‌کرد.

His sense of direction made man and map seem weak by comparison.

حس جهت‌یابی او باعث می‌شد که انسان و نقشه در مقایسه با او ضعیف به نظر برسند.

As Buck ran, he felt more strongly the stir in the wild land.

باک همچنان که می‌دوید، جنب و جوش بیشتری را در آن سرزمین وحشی احساس می‌کرد.

It was a new kind of life, unlike that of the calm summer months.

این نوع جدیدی از زندگی بود، برخلاف زندگی ماه‌های آرام تابستان.

This feeling no longer came as a subtle or distant message.

این احساس دیگر به عنوان یک پیام ظریف یا دور از دسترس به گوش نمی‌رسید.

Now the birds spoke of this life, and squirrels chattered about it.

حالا پرندگان از این زندگی صحبت می‌کردند و سنجاب‌ها در مورد آن پچ‌پچ می‌کردند.

Even the breeze whispered warnings through the silent trees.

حتی نسیم هم از میان درختان خاموش، هشدارهایی را زمزمه می‌کرد.

Several times he stopped and sniffed the fresh morning air.

چندین بار ایستاد و هوای تازه صبحگاهی را استنشاق کرد.

He read a message there that made him leap forward faster.

او پیامی را آنجا خواند که باعث شد سریع‌تر به جلو بپرد.

A heavy sense of danger filled him, as if something had gone wrong.

احساس خطر شدیدی وجودش را فرا گرفت، انگار که اشتباهی رخ داده باشد.

He feared calamity was coming—or had already come.

او می‌ترسید که فاجعه‌ای در راه باشد ـ یا قبلاً اتفاق افتاده باشد.

He crossed the last ridge and entered the valley below.

از آخرین یال عبور کرد و وارد دره پایین دست شد.

He moved more slowly, alert and cautious with every step.

او با هر قدم، آهسته‌تر، هوشیارتر و محتاط‌تر حرکت می‌کرد.

Three miles out he found a fresh trail that made him stiffen.

سه مایل دورتر، رد تازه‌ای پیدا کرد که باعث شد خشکش بزند.

The hair along his neck rippled and bristled in alarm.

موهای گردنش از ترس سیخ و سیخ شدند.

The trail led straight toward the camp where Thornton waited.

مسیر مستقیماً به سمت اردوگاهی که تورنتون منتظرش بود، منتهی می‌شد.

Buck moved faster now, his stride both silent and swift.

باک حالا سریع‌تر حرکت می‌کرد، گام‌هایش هم بی‌صدا و هم چابک بود.

His nerves tightened as he read signs others were going to miss.

وقتی نشانه‌هایی را می‌خواند که دیگران از دست می‌دادند، اعصابش به هم می‌ریخت.

Each detail in the trail told a story—except the final piece.

هر جزئیات در مسیر، داستانی را روایت می‌کرد—به جز قطعه آخر.

His nose told him about the life that had passed this way.

بینی‌اش از زندگی‌ای که به این شکل گذشته بود برایش می‌گفت.

The scent gave him a changing picture as he followed close behind.

این بو تصویر متفاوتی به او داد، در حالی که با فاصله کمی پشت سر او را دنبال می‌کرد.

But the forest itself had gone quiet; unnaturally still.

اما خود جنگل ساکت شده بود؛ به طرز غیرطبیعی ساکت.

Birds had vanished, squirrels were hidden, silent and still.

پرندگان ناپدید شده بودند، سنجاب‌ها پنهان شده بودند، ساکت و بی‌حرکت.

He saw only one gray squirrel, flat on a dead tree.

او فقط یک سنجاب خاکستری دید که روی درختی خشک افتاده بود.

The squirrel blended in, stiff and motionless like a part of the forest.

سنجاب، خشک و بی‌حرکت، مثل بخشی از جنگل، خودش را قاطی کرد.

Buck moved like a shadow, silent and sure through the trees.

باک مثل سایه، ساکت و مطمئن از میان درختان حرکت می‌کرد.

His nose jerked sideways as if pulled by an unseen hand.

بینی‌اش طوری به پهلو تکان خورد که انگار دستی نامرئی آن را می‌کشید.

He turned and followed the new scent deep into a thicket.

او برگشت و بوی جدید را تا اعماق بیشه دنبال کرد.

There he found Nig, lying dead, pierced through by an arrow.

آنجا نیگ را یافت که مرده افتاده بود و تیری به بدنش خورده بود.

The shaft passed clear through his body, feathers still showing.

چوب به وضوح از بدنش عبور کرد، پرهایش هنوز نمایان بودند.

Nig had dragged himself there, but died before reaching help.

نیگ خودش را به آنجا کشانده بود، اما قبل از رسیدن کمک جان باخت.

A hundred yards farther on, Buck found another sled dog.

صد یارد آن طرف‌تر، باک یک سگ سورتمه‌سوار دیگر پیدا کرد.

It was a dog that Thornton had bought back in Dawson City.

سگی بود که تورنتون از داوسون سیتی دوباره خریده بود.

The dog was in a death struggle, thrashing hard on the trail.

سگ در حال تقلا برای مرگ بود و در مسیر به شدت تقلا می‌کرد.

Buck passed around him, not stopping, eyes fixed ahead.

باک از کنارش گذشت، نایستاد و چشمانش را به روبرو دوخته بود.

From the direction of the camp came a distant, rhythmic chant.

از سمت اردوگاه، صدای آهنگین و آهنگینی از دوردست‌ها می‌آمد.

Voices rose and fell in a strange, eerie, sing-song tone.

صداها با لحنی عجیب، و هم‌آور و آهنگین بالا و پایین می‌رفتند.

Buck crawled forward to the edge of the clearing in silence.

باک در سکوت به سمت لبه‌ی محوطه‌ی باز خزید.

There he saw Hans lying face-down, pierced with many arrows.

در آنجا هانس را دید که رو به زمین افتاده و تیرهای زیادی به بدنش خورده بود.

His body looked like a porcupine, bristling with feathered shafts.

بدنش شبیه جوجه تیغی بود، پوشیده از پرهای زبر.

At the same moment, Buck looked toward the ruined lodge.

در همان لحظه، باک به سمت کلبه‌ی ویران‌شده نگاه کرد.

The sight made the hair rise stiff on his neck and shoulders.

این منظره باعث شد مو به تن و شانه‌هایش سیخ شود.

A storm of wild rage swept through Buck's whole body.

طوفانی از خشم وحشی تمام وجود باک را فرا گرفت.

He growled aloud, though he did not know that he had.

او با صدای بلند غرید، هرچند خودش نمی‌دانست که این کار را کرده است.

The sound was raw, filled with terrifying, savage fury.

صدا خام بود، پر از خشمی وحشتناک و وحشیانه.

For the last time in his life, Buck lost reason to emotion.

برای آخرین بار در زندگی‌اش، باک منطق را به احساسات ترجیح داد.

It was love for John Thornton that broke his careful control.

عشق به جان تورنتون بود که کنترل دقیق او را از بین برد.

The Yeehats were dancing around the wrecked spruce lodge.

یی‌هات‌ها دور کلبه‌ی صنوبر ویران‌شده می‌رقصیدند.

Then came a roar—and an unknown beast charged toward them.

سپس غرشی آمد ـ و جانوری ناشناخته به سمت آنها حمله کرد.

It was Buck; a fury in motion; a living storm of vengeance.

باک بود؛ خشمی در حرکت؛ طوفانی زنده از انتقام.

He flung himself into their midst, mad with the need to kill.

او در حالی که از نیاز به کشتن دیوانه شده بود، خود را به میان آنها انداخت.

He leapt at the first man, the Yeehat chief, and struck true.

او به سمت اولین مرد، رئیس قبیله یی‌هات، پرید و ضربه‌اش واقعی بود.

His throat was ripped open, and blood spouted in a stream.

گلویش پاره شده بود و خون از گلویش فوران می‌کرد.

Buck did not stop, but tore the next man's throat with one leap.

باک نایستاد، بلکه با یک جهش گلوی نفر بعدی را پاره کرد.

He was unstoppable—ripping, slashing, never pausing to rest.

او توقف‌ناپذیر بود ـ می‌درید، تکه‌تکه می‌کرد، و هرگز برای استراحت مکث نمی‌کرد.

He darted and sprang so fast their arrows could not touch him.

او آنقدر سریع و چابک می‌پرید که تیرهای آنها به او نمی‌رسید.

The Yeehats were caught in their own panic and confusion.

یی‌هات‌ها در وحشت و سردرگمی خود گرفتار شده بودند.

Their arrows missed Buck and struck one another instead.

تیرهایشان به باک نخورد و به جای آن به یکدیگر برخورد کردند.

One youth threw a spear at Buck and hit another man.

یکی از جوانان نیزه‌ای به سمت باک پرتاب کرد و به مرد دیگری برخورد کرد.

The spear drove through his chest, the point punching out his back.

نیزه از سینه‌اش گذشت و نوک آن به پشتش فرو رفت.

Terror swept over the Yeehats, and they broke into full retreat.

وحشت یی‌هات‌ها را فرا گرفت و آنها کاملاً عقب‌نشینی کردند.

They screamed of the Evil Spirit and fled into the forest shadows.

آنها از روح شیطانی فریاد زدند و به سایه‌های جنگل گریختند.

Truly, Buck was like a demon as he chased the Yeehats down.

واقعاً، باک مثل یک دیو بود وقتی که یی‌هات‌ها را تعقیب می‌کرد.

He tore after them through the forest, bringing them down like deer.

او در جنگل به دنبال آنها دوید و آنها را مانند گوزن به زمین زد.

It became a day of fate and terror for the frightened Yeehats.

آن روز، برای یی‌هات‌های وحشت‌زده، به روز سرنوشت و وحشت تبدیل شد.

They scattered across the land, fleeing far in every direction.

آنها در سراسر سرزمین پراکنده شدند و از هر سو گریختند.

A full week passed before the last survivors met in a valley.
یک هفته کامل گذشت تا آخرین بازماندگان در دره‌ای به هم رسیدند.
Only then did they count their losses and speak of what happened.
تنها در آن زمان بود که ضررهایشان را شمردند و از آنچه اتفاق افتاده بود صحبت کردند.
Buck, after tiring of the chase, returned to the ruined camp.
باک، پس از خسته شدن از تعقیب و گریز، به اردوگاه ویران‌شده بازگشت.
He found Pete, still in his blankets, killed in the first attack.
او پیت را در حالی که هنوز پتوهایش را به تن داشت و در حمله اول کشته شده بود، پیدا کرد.
Signs of Thornton's last struggle were marked in the dirt nearby.
نشانه‌هایی از آخرین تقلاهای تورنتون روی خاک‌های اطراف مشخص بود.
Buck followed every trace, sniffing each mark to a final point.
باک هر ردی را دنبال می‌کرد و هر نشان را تا آخرین نقطه بو می‌کشید.
At the edge of a deep pool, he found faithful Skeet, lying still.
در لبه‌ی برکه‌ای عمیق، او اسکیت وفادار را یافت که بی‌حرکت دراز کشیده بود.
Skeet's head and front paws were in the water, unmoving in death.
سر و پنجه‌های جلوی اسکیت در آب بودند و بی‌حرکت، بی‌جان، بی‌حرکت.
The pool was muddy and tainted with runoff from the sluice boxes.
استخر گل‌آلود و آلوده به رواناب از دریچه‌های آب‌بند بود.
Its cloudy surface hid what lay beneath, but Buck knew the truth.
سطح ابری آن، آنچه را که در زیر آن بود، پنهان می‌کرد، اما باک حقیقت را می‌دانست.
He tracked Thornton's scent into the pool—but the scent led nowhere else.

او رد بوی تورنتون را تا داخل استخر دنبال کرد ـ اما آن بو به جای دیگری راه نداشت.

There was no scent leading out—only the silence of deep water.

هیچ بویی به مشام نمی‌رسید ـ فقط سکوت آب‌های عمیق به مشام می‌رسید.

All day Buck stayed near the pool, pacing the camp in grief.

باک تمام روز نزدیک استخر ماند و با اندوه در اردوگاه قدم زد.

He wandered restlessly or sat in stillness, lost in heavy thought.

او بی‌قرار پرسه می‌زد یا در سکوت می‌نشست و غرق در افکار سنگین بود.

He knew death; the ending of life; the vanishing of all motion.

او مرگ را می‌شناخت؛ پایان زندگی را؛ محو شدن تمام حرکت‌ها را.

He understood that John Thornton was gone, never to return.

او فهمید که جان تورنتون رفته است و دیگر هرگز برنمی‌گردد.

The loss left an empty space in him that throbbed like hunger.

این فقدان، فضایی خالی در او ایجاد کرد که مانند گرسنگی ضربان می‌زد.

But this was a hunger food could not ease, no matter how much he ate.

اما این گرسنگی‌ای بود که غذا نمی‌توانست آن را تسکین دهد، مهم نبود چقدر می‌خورد.

At times, as he looked at the dead Yeehats, the pain faded.

گاهی اوقات، همین که به یی‌هات‌های مرده نگاه می‌کرد، دردش فروکش می‌کرد.

And then a strange pride rose inside him, fierce and complete.

و سپس غرور عجیبی در درونش جوانه زد، شدید و تمام عیار.

He had killed man, the highest and most dangerous game of all.

او انسان را کشته بود، که این بالاترین و خطرناک‌ترین شکار بود.

He had killed in defiance of the ancient law of club and fang.

او برخلاف قانون باستانی چماق و دندان نیش، مرتکب قتل شده بود.

Buck sniffed their lifeless bodies, curious and thoughtful.

باک، کنجکاو و متفکر، بدن‌های بی‌جان آنها را بو کشید.

They had died so easily—much easier than a husky in a fight.

آنها خیلی راحت مرده بودند—خیلی راحت‌تر از یک سگ هاسکی در یک دعوا.

Without their weapons, they had no true strength or threat.

بدون سلاح‌هایشان، آنها هیچ قدرت یا تهدید واقعی نداشتند.

Buck was never going to fear them again, unless they were armed.

باک دیگر هرگز از آنها نمی‌ترسید، مگر اینکه مسلح باشند.

Only when they carried clubs, spears, or arrows he'd beware.

فقط وقتی چماق، نیزه یا تیر حمل می‌کردند، احتیاط می‌کرد.

Night fell, and a full moon rose high above the tops of the trees.

شب فرا رسید و ماه کامل از بالای درختان بالا آمد.

The moon's pale light bathed the land in a soft, ghostly glow like day.

نور کم‌رنگ ماه، زمین را در تابشی ملایم و شبح‌وار، مانند روز، غرق کرده بود.

As the night deepened, Buck still mourned by the silent pool.

همچنان که شب عمیق‌تر می‌شد، باک هنوز در کنار برکه‌ی خاموش سوگواری می‌کرد.

Then he became aware of a different stirring in the forest.

سپس او متوجه جنب و جوش متفاوتی در جنگل شد.

The stirring was not from the Yeehats, but from something older and deeper.

این هیجان از سوی یی‌هات‌ها نبود، بلکه از چیزی قدیمی‌تر و عمیق‌تر بود.

He stood up, ears lifted, nose testing the breeze with care.

او بلند شد، گوش‌هایش را بالا گرفت و با دقت نسیم را با بینی‌اش امتحان کرد.

From far away came a faint, sharp yelp that pierced the silence.

از دوردست‌ها، صدای ناله‌ای ضعیف و تیز آمد که سکوت را شکست.

Then a chorus of similar cries followed close behind the first.

سپس، کمی پس از فریاد اول، صدای دسته‌جمعی فریادهای مشابهی شنیده شد.

The sound drew nearer, growing louder with each passing moment.

صدا نزدیک‌تر می‌شد و هر لحظه بلندتر می‌شد.

Buck knew this cry—it came from that other world in his memory.

باک این فریاد را می‌شناخت - از آن دنیای دیگر در خاطراتش می‌آمد.

He walked to the center of the open space and listened closely.

او به مرکز فضای باز رفت و با دقت گوش داد.

The call rang out, many-noted and more powerful than ever.

این فراخوان، بسیار مورد توجه قرار گرفت و قدرتمندتر از همیشه به گوش رسید.

And now, more than ever before, Buck was ready to answer his calling.

و حالا، بیش از هر زمان دیگری، باک آماده بود تا به ندای درونش پاسخ دهد.

John Thornton was dead, and no tie to man remained within him.

جان تورنتون مرده بود، و هیچ پیوندی با بشر در او باقی نمانده بود.

Man and all human claims were gone—he was free at last.

انسان و تمام ادعاهای انسانی از بین رفته بودند - او سرانجام آزاد شده بود.

The wolf pack were chasing meat like the Yeehats once had.

گله گرگ‌ها مثل زمانی که یی‌هات‌ها دنبال گوشت بودند، دنبال گوشت می‌گشتند.

They had followed moose down from the timbered lands.

آنها گوزن‌ها را از زمین‌های پوشیده از درخت دنبال کرده بودند.

Now, wild and hungry for prey, they crossed into his valley.

حالا، وحشی و گرسنه برای شکار، از دره او عبور کردند.

Into the moonlit clearing they came, flowing like silver water.

آنها به فضای باز مهتابی آمدند، همچون آب نقره‌ای روان.

Buck stood still in the center, motionless and waiting for them.

باک بی‌حرکت در مرکز ایستاده بود و منتظر آنها بود.

His calm, large presence stunned the pack into a brief silence.

حضور آرام و عظیم او، جمعیت را در سکوتی کوتاه فرو برد.

Then the boldest wolf leapt straight at him without hesitation.

سپس جسورترین گرگ بدون هیچ تردیدی مستقیماً به سمت او پرید.

Buck struck fast and broke the wolf's neck in a single blow.

باک سریع حمله کرد و گردن گرگ را با یک ضربه شکست.

He stood motionless again as the dying wolf twisted behind him.

او دوباره بی‌حرکت ایستاد، در حالی که گرگ در حال مرگ پشت سرش می‌پیچید.

Three more wolves attacked quickly, one after the other.

سه گرگ دیگر به سرعت، یکی پس از دیگری، حمله کردند.

Each retreated bleeding, their throats or shoulders slashed.

هر کدام در حالی که خونریزی داشتند، عقب‌نشینی کردند، گلو یا شانه‌هایشان بریده شده بود.

That was enough to trigger the whole pack into a wild charge.

همین کافی بود تا تمام گروه به یک حمله‌ی وحشیانه دست بزنند.

They rushed in together, too eager and crowded to strike well.

آنها با هم هجوم آوردند، خیلی مشتاق و شلوغ بودند که نتوانند خوب حمله کنند.

Buck's speed and skill allowed him to stay ahead of the attack.

سرعت و مهارت باک به او اجازه می‌داد تا از حمله جلوتر بماند.

He spun on his hind legs, snapping and striking in all directions.

او روی پاهای عقبش چرخید، تق‌تق می‌کرد و به همه جهات ضربه می‌زد.

To the wolves, this seemed like his defense never opened or faltered.

برای گرگ‌ها، این طوری به نظر می‌رسید که خط دفاعی او هرگز باز نشده یا متزلزل نشده است.

He turned and slashed so quickly they could not get behind him.

او برگشت و آنقدر سریع حمله کرد که آنها نتوانستند از پشت سرش رد شوند.

Nonetheless, their numbers forced him to give ground and fall back.

با این وجود، تعداد زیاد آنها او را مجبور به عقب‌نشینی و عقب‌نشینی کرد.

He moved past the pool and down into the rocky creek bed.

او از کنار برکه گذشت و به بستر سنگی نهر رسید.

There he came up against a steep bank of gravel and dirt.

در آنجا به تپه‌ای شیب‌دار از شن و خاک رسید.

He edged into a corner cut during the miners' old digging.

او در حین حفاری قدیمی معدنچیان، به گوشه‌ای از زمین برخورد کرد.

Now, protected on three sides, Buck faced only the front wolf.

حالا، باک که از سه طرف محافظت می‌شد، فقط با گرگ جلویی روبرو بود.

There, he stood at bay, ready for the next wave of assault.

او آنجا، در موقعیتی امن، آماده برای موج بعدی حمله، ایستاده بود.

Buck held his ground so fiercely that the wolves drew back.

باک چنان سرسختانه موضع خود را حفظ کرد که گرگ‌ها عقب‌نشینی کردند.

After half an hour, they were worn out and visibly defeated.

بعد از نیم ساعت، آنها خسته و به وضوح شکست خورده بودند.

Their tongues hung out, their white fangs gleamed in moonlight.

زبان‌هایشان بیرون بود و دندان‌های نیش سفیدشان در نور ماه می‌درخشید.

Some wolves lay down, heads raised, ears pricked toward Buck.

چند گرگ دراز کشیدند، سرهایشان را بالا گرفتند و گوش‌هایشان را به سمت باک تیز کردند.

Others stood still, alert and watching his every move.
دیگران بی‌حرکت، هوشیار و گوش به زنگ ایستاده بودند و تمام حرکات او را زیر نظر داشتند.
A few wandered to the pool and lapped up cold water.
چند نفر به سمت استخر رفتند و آب سرد را سر کشیدند.
Then one long, lean gray wolf crept forward in a gentle way.
سپس یک گرگ خاکستری بلند و لاغر با ملایمت به جلو خزید.
Buck recognized him—it was the wild brother from before.
باک او را شناخت - همان برادر وحشیِ قبلی بود.
The gray wolf whined softly, and Buck replied with a whine.
گرگ خاکستری ناله آرامی کرد و باک هم با ناله ای پاسخ داد.
They touched noses, quietly and without threat or fear.
آنها بینی‌هایشان را لمس کردند، بی‌صدا و بدون تهدید یا ترس.
Next came an older wolf, gaunt and scarred from many battles.
بعد گرگ پیرتری آمد، لاغر و زخمی از نبردهای بسیار.
Buck started to snarl, but paused and sniffed the old wolf's nose.
باک شروع به غرش کرد، اما مکثی کرد و بینی گرگ پیر را بو کشید.
The old one sat down, raised his nose, and howled at the moon.
پیرمرد نشست، دماغش را بالا کشید و رو به ماه زوزه کشید.
The rest of the pack sat down and joined in the long howl.
بقیه‌ی گله نشستند و به زوزه‌ی طولانی پیوستند.
And now the call came to Buck, unmistakable and strong.
و حالا باک را فراخواندند، بی‌چون و چرا و قوی.
He sat down, lifted his head, and howled with the others.
نشست، سرش را بلند کرد و با دیگران زوزه کشید.
When the howling ended, Buck stepped out of his rocky shelter.
وقتی زوزه تمام شد، باک از پناهگاه سنگی‌اش بیرون آمد.
The pack closed in around him, sniffing both kindly and warily.
گله دور او جمع شد و با مهربانی و احتیاط بو کشید.
Then the leaders gave the yelp and dashed off into the forest.

سپس رهبران فریاد زدند و به سمت جنگل دویدند.

The other wolves followed, yelping in chorus, wild and fast in the night.

گرگ‌های دیگر هم با زوزه‌های هماهنگ، وحشی و تند در دل شب، به دنبالش آمدند.

Buck ran with them, beside his wild brother, howling as he ran.

باک در حالی که زوزه می‌کشید، در کنار برادر وحشی‌اش، با آنها می‌دوید.

Here, the story of Buck does well to come to its end.

اینجا، داستان باک به خوبی به پایان می‌رسد.

In the years that followed, the Yeehats noticed strange wolves.

در سال‌های بعد، یی‌هات‌ها متوجه گرگ‌های عجیبی شدند.

Some had brown on their heads and muzzles, white on the chest.

بعضی‌ها سر و پوزهشان قهوه‌ای و سینه‌شان سفید بود.

But even more, they feared a ghostly figure among the wolves.

اما حتی بیشتر از آن، آنها از یک چهره شبح مانند در میان گرگ‌ها می‌ترسیدند.

They spoke in whispers of the Ghost Dog, leader of the pack.

آنها با زمزمه از گوست داگ، رهبر گروه، صحبت می‌کردند.

This Ghost Dog had more cunning than the boldest Yeehat hunter.

این گوست داگ از جسورترین شکارچی یی‌هات هم حیله‌گرتر بود.

The ghost dog stole from camps in deep winter and tore their traps apart.

سگ شبح در زمستان سخت از اردوگاه‌ها دزدی می‌کرد و تله‌هایشان را پاره می‌کرد.

The ghost dog killed their dogs and escaped their arrows without a trace.

سگ شبح، سگ‌های آنها را کشت و بدون هیچ ردی از تیرهایشان فرار کرد.

Even their bravest warriors feared to face this wild spirit.

حتی شجاع‌ترین جنگجویان آنها از رویارویی با این روح وحشی می‌ترسیدند.

No, the tale grows darker still, as the years pass in the wild.

نه، داستان همچنان تاریک‌تر می‌شود، با گذشت سال‌ها در طبیعت وحشی.

Some hunters vanish and never return to their distant camps.

بعضی از شکارچیان ناپدید می‌شوند و هرگز به اردوگاه‌های دوردست خود باز نمی‌گردند.

Others are found with their throats torn open, slain in the snow.

برخی دیگر با گلوی پاره شده و در حالی‌که در برف کشته شده بودند، پیدا شدند.

Around their bodies are tracks—larger than any wolf could make.

دور بدنشان ردپاهایی هست—بزرگتر از هر گرگی که بتواند ردی ایجاد کند.

Each autumn, Yeehats follow the trail of the moose.

هر پاییز، یی‌هات‌ها رد گوزن شمالی را دنبال می‌کنند.

But they avoid one valley with fear carved deep into their hearts.

اما آنها از یک دره با ترسی که در اعماق قلبشان حک شده است، اجتناب می‌کنند.

They say the valley is chosen by the Evil Spirit for his home.

آنها می‌گویند که این دره توسط روح شیطان برای خانه‌اش انتخاب شده است.

And when the tale is told, some women weep beside the fire.

و وقتی داستان تعریف می‌شود، چند زن کنار آتش گریه می‌کنند.

But in summer, one visitor comes to that quiet, sacred valley.

اما در تابستان، یک بازدیدکننده به آن دره آرام و مقدس می‌آید.

The Yeehats do not know of him, nor could they understand.

یی‌هات‌ها او را نمی‌شناسند و نمی‌توانند بفهمند.

The wolf is a great one, coated in glory, like no other of his kind.

گرگ، گرگی بزرگ و باشکوه است، که هیچ گرگ دیگری در نوع خود مانند آن را ندارد.

He alone crosses from green timber and enters the forest glade.
او به تنهایی از میان درختان سبز عبور می‌کند و وارد پهنه جنگل می‌شود.
There, golden dust from moose-hide sacks seeps into the soil.
آنجا، غبار طلایی از کیسه‌های پوست گوزن شمالی به خاک نفوذ می‌کند.
Grass and old leaves have hidden the yellow from the sun.
علف‌ها و برگ‌های پیر، رنگ زرد را از آفتاب پنهان کرده‌اند.
Here, the wolf stands in silence, thinking and remembering.
اینجا، گرگ در سکوت ایستاده، فکر می‌کند و به یاد می‌آورد.
He howls once—long and mournful—before he turns to go.
قبل از اینکه برگردد و برود، یک بار زوزه می‌کشد - طولانی و غم‌انگیز.
Yet he is not always alone in the land of cold and snow.
با این حال او همیشه در سرزمین سرما و برف تنها نیست.
When long winter nights descend on the lower valleys.
وقتی شب‌های طولانی زمستان بر دره‌های پست فرود می‌آیند.
When the wolves follow game through moonlight and frost.
وقتی گرگ‌ها در مهتاب و یخبندان شکار را دنبال می‌کنند.
Then he runs at the head of the pack, leaping high and wild.
سپس او در حالی که بالا و وحشی می‌پرد، به سمت جلوی گله می‌دود.
His shape towers over the others, his throat alive with song.
هیکلش بر دیگران می‌چربد، گلویش از آواز زنده است.
It is the song of the younger world, the voice of the pack.
این آهنگ دنیای جوان‌تر است، صدای گله.
He sings as he runs—strong, free, and forever wild.
او هنگام دویدن آواز می‌خواند—قوی، آزاد و همیشه وحشی.